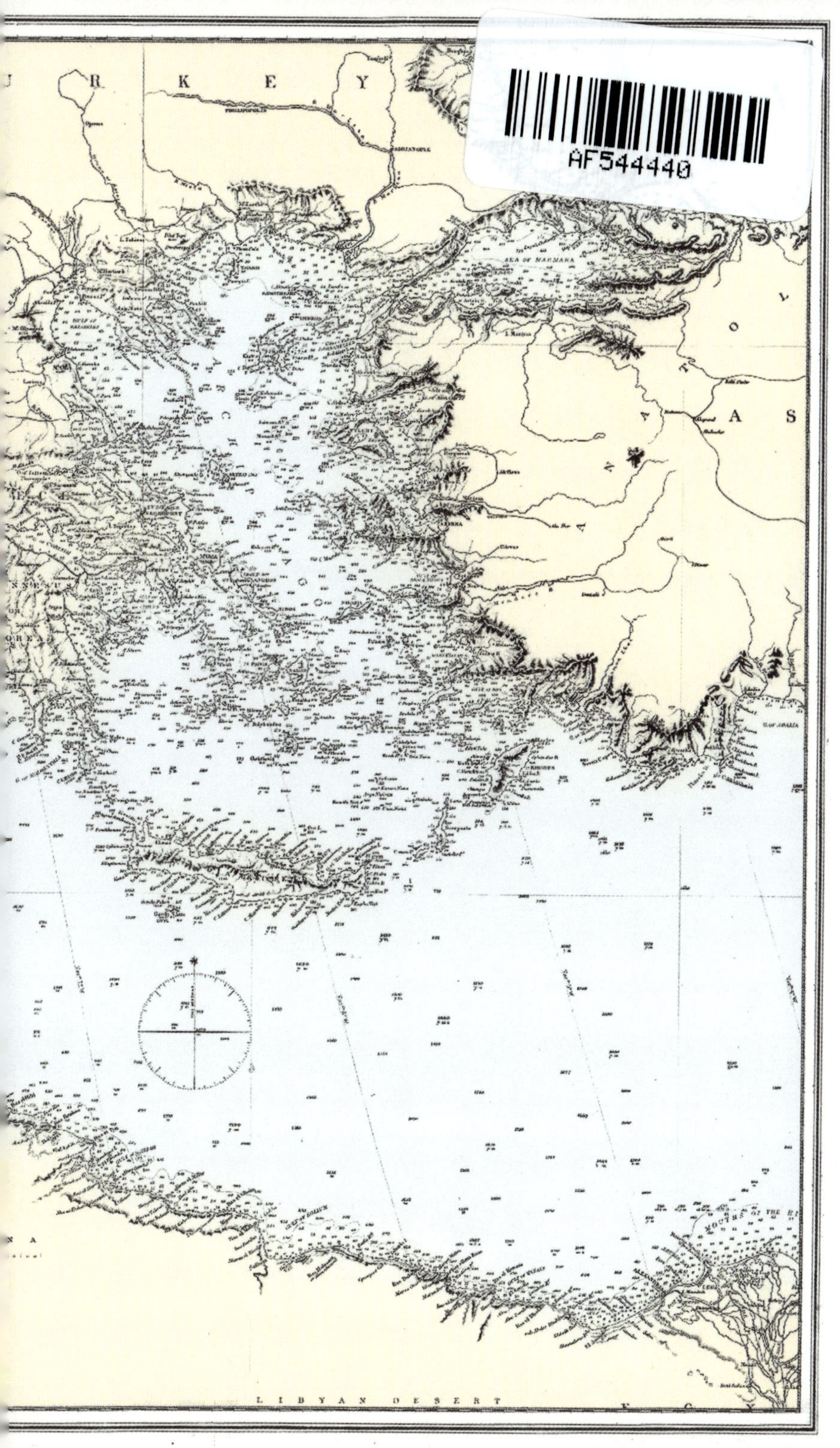

AF544440

Paolo Rumiz

Der Leuchtturm

Foto © Alessandro Scillitani

Paolo Rumiz, geboren 1947 in Triest, ist mit seinen eigenwilligen Büchern der erfolgreichste Reiseschriftsteller Italiens.
Er berichtete für die Tageszeitung „La Repubblica" über den Afghanistan- und den Jugoslawien-Krieg.
Zahlreiche Preise für sein journalistisches Engagement.
Unzählige Essays, Romane und Erzählungen über seine Reisen innerhalb Italiens und an die entlegensten Orte Europas.
Seine Bücher stehen kontuinierlich auf den italienischen Bestsellerlisten.
Bei Folio sind außerdem erschienen: *Die Seele des Flusses* (2018), *Via Appia* (2019), *Der unendliche Faden* (2020) und *Europa. Ein Gesang* (2023).

Aus dem Italienischen von Karin Fleischanderl

TransferBibliothek
FolioVerlag

TransferBibliothek CXXXI

Die Originalausgabe ist 2015 bei Giangiacomo Feltrinelli, Mailand, unter dem Titel *Il Ciclope* erschienen.
© 2016 Paolo Rumiz. Published by arrangement with the Italian Literary Agency.

Lektorat: Senta Wagner

3. Auflage 2023
© der deutschsprachigen Ausgabe
FOLIO Verlag Wien • Bozen 2017
Alle Rechte vorbehalten

Grafische Gestaltung und Umschlag: Dall'O & Freunde
Druckvorbereitung: Typoplus, Frangart
Printed in Europe

ISBN 978-3-85256-716-7

www.folioverlag.com

E-Book ISBN 978-3-99037-066-7

Glaubst du mir? Das ist nicht meine Erzählung.
Der Südwind und der Nordwind haben sie mir diktiert.

Jonas

Es war eine Nacht wie geschaffen für Alpträume. Ich stieg den Weg hinauf, der steil über die Klippen führte, kämpfte gegen Windböen an, im Dunkeln musste ich achtgeben, wohin ich die Füße setzte. Aus dem Westen zog ein Gewitter auf, Blitze hagelten auf ein Vorgebirge in der Ferne, das aussah wie eine Schildkröte. Ich war gerade rechtzeitig an Land gegangen. Bei derart stürmischer See würde wer weiß wie lange niemand mehr kommen. Ich war allein, ich kannte den Weg zum Leuchtturm nicht und die Insel war menschenleer. Der restliche Archipel, der meilenweit entfernt war, versank im Dunkel und in der Gischt. Kein Licht, nichts.

Ich erinnere mich nicht, in welcher Sprache ich schrie, dass ich da bin, dass ich jetzt heraufkomme, dass man mir entgegenkommen soll, doch es antwortete mir nur das Tosen der Brecher. Keine Spur von einem Leuchtturmwärter. Es begann zu regnen, erst jetzt tauchte hundert Meter oberhalb ein Lichtstrahl auf. Ich suchte die Laterne, und was ich sah, ließ mir das Blut in den Adern gefrieren. Vom Rand der Böschung aus beugte sich der Turm über mich, das mächtige steinerne Bauwerk krümmte sich. Mit seinem Zyklopenauge suchte es den Eindringling. Es strahlte, aber ausgerechnet die Lichtquelle war schwarz wie Pech, schwärzer sogar als die Nacht. Das Ungeheuer war gereizt und suchte mich, hatte mich jedoch noch nicht entdeckt. Das Licht streifte mich wie mit Säbelhieben, sie kamen immer näher. Ich kauerte mich in die Heide, mit einem Fuß stolperte ich über eine Wurzel. Ich fiel nach vorne, versuchte mich an einem Busch festzuhalten, verlor jedoch den Halt. Ich stürzte. Vielleicht schrie ich etwas, aber meine Stimme war tonlos.

In diesem Augenblick lässt ein Windstoß mich hochfahren. Ich mache die Taschenlampe an und beleuchte ein kahles, weiß getünchtes Zimmer. Steinwände, ein Nachtkästchen, ein Buch, ein Heft, ein Koffer mit meinen Habseligkeiten, ein großes altes, grün gestrichenes Fenster mit verriegelten Fensterläden. Der Wind draußen tost noch stärker, der Schirokko dreht auf Libeccio. Ich befinde mich im Inneren der Lichtmaschine, in ihrem Bauch, wie Jonas im Bauch des Wales. Die erste Nacht im Leuchtturm ist noch nicht vorbei und der Zyklop hat sich schon meiner bemächtigt. Er diktiert meine Träume. In meinem Zimmer, unter drei Wolldecken, bin ich in Sicherheit, aber wenn ich die Ohren spitze, höre ich den monotonen Gesang des Räderwerks ganz oben im Turm, des Zahnrads, das die kreisende Bewegung des optischen Geräts steuert. Ein metallisches Arpeggio wie von einem verstimmten Klavier, jedoch imstande, mit dem Wind ein Duett zu singen und Mollakkorde hervorzubringen.

„If you do not go now", hat man mir vor vierundzwanzig Stunden gesagt, am Abend, bevor ich das Schiff bestieg, „you have to wait five days." Die Mannschaft wusste, dass Schlechtwetter kam, und hatte mir geraten, das kurze Schönwetterfenster zu nutzen. Noch dazu war es Samstag, Karsamstag, und es wäre ein Verbrechen gewesen, den Leuchtturmwärtern zu den Feiertagen keinen Leckerbissen zu bringen. Abgesehen von Fisch und Kräutern mangelte es auf der Insel an allem. Weniger als eine Insel war es ein unbewohnter, abgelegener Felsen, und ich musste auch für mich ordentlich Proviant mitnehmen. Deshalb hatte ich am letzten Markttag eine Menge frisches Gemüse eingekauft, einen Fünfzig-Kilo-Sack, den ich mit meinem alten Buckel kaum an Bord hieven konnte. Tomaten, Kartoffeln, Zwiebeln, Kohl. Von zu Hause hatte ich außerdem zwanzig Liter Wein und Triester Ostergebäck mitgenommen.

Ich öffne das Fenster, das auf den steilen Abhang im Süden blickt. Die Möwen wirbeln im Sturm herum wie verlorene Seelen. Was sie um diese Uhrzeit hier tun und wie sie es schaffen, den Sturmböen zu trotzen, weiß nur der Allmächtige. Der Lebenskampf macht auf der Insel nicht einmal mitten in der Nacht Halt. Auf dem einsamen Felsen gibt es Tausende Vögel. Die Böschung und die mit Heide bewachsenen Hänge sind voll Nester. Vor Sonnenuntergang habe ich versucht, mich ihnen zu nähern, aber in der vom Wind gepeitschten Macchia sind Hunderte gefiederte Periskope aufgetaucht. Augenblicklich hat sich die Flotte aufgeschwungen, ist mit höllischem Kreischen über meinem Kopf gesegelt, ist immer näher gekommen, hat mich drohend gestreift, damit ich ja verduftete.

Ich lese in meinem Tagebuch die Notizen des ersten Tages. Kurze Sätze, fast Haikus. „Drei Uhr. Unmöglich, wieder einzuschlafen. April, kalte Nächte. Kaum mache ich das Licht aus, kommen die Gedanken. Ich bin das Alleinsein nicht mehr gewöhnt." Auf der nächsten Seite: „Wir sind zu dritt im Leuchtturm. Der Kapitän, sein Adjutant, ich. Die einzigen Bewohner der Insel. In einer Stunde klingelt der Wecker, damit sie zur Wetterstation gehen und die Daten an die Zentrale schicken, aber in diesem Augenblick bin ich der Einzige, der nicht schläft. Ich höre, wie die unermüdliche Laterne knirscht und flüstert. Ich stehe auf und gehe in Pantoffeln hinauf, ohne die Taschenlampe anzumachen. Wendeltreppe, eine weiße Tür, eine Eisentreppe, noch eine Treppe. Weiter gehe ich nicht. Ich fürchte, das Auge Polyphems kann man nur im Reflex der Außenfenster oder von unten betrachten. Aus größerer Nähe ist das Licht wahrscheinlich nicht zu ertragen. Ich mache es wie die Juden, die am Sabbat die heiligen Kerzen nur im Reflex der Fingernägel ansehen. Ich betrachte das Auge des Zyklopen im Reflex des lackierten Bodens."

Am Ende meines Aufenthaltes stelle ich fest, dass ich in diesen Tagen anders als in meinem bisherigen Leben fast ausschließlich in der Gegenwart geschrieben habe. Drei Wochen lang hatte ich kein Radio, kein Fernsehen, kein Internet, kein Telefon. Nur Kartenspiele, ein paar gute Bücher, ein kleines diatonisches Akkordeon, wie man es in Wirtshäusern findet, um das Schweigen zu unterbrechen (ich kann nicht spielen, habe es aber versucht, wenn die Leuchtturmwärter weg waren). Ich habe diese einsamen Stunden strukturiert wie eine Pendeluhr. Wenn ich es mir recht überlege, habe nicht ich diese Geschichte geschrieben – es waren der Wind und die Gezeiten. Ich habe nur ihre Stimmen aufgenommen, die vom hohlen Bauch des Turms verstärkt wurden. Deshalb muss ich das Tagebuch fast nicht bearbeiten. Es ist, in allen Einzelheiten, die Erzählung. Ich muss die Notizen nur abschreiben und neu ordnen.

Also. In der ersten Nacht bin ich, kaum habe ich das Licht der Laterne wahrgenommen, auf der Treppe stehengeblieben.

Ich gehe hinunter. Durch ein Fensterchen im Turm sehe ich, wie die ganze Insel von einem Blitz taghell erleuchtet wird. Auf meiner Netzhaut gräbt sich das Bild einer steinernen Rieseneidechse mit dem Kamm eines Sauriers ein. Dann wieder stockdunkle Nacht. Der Regen trommelt an die Fenster. Es ist die Nacht der Auferstehung, doch man fühlt sich eher an die Kreuzigung erinnert. Wer weiß, ob Jesus bereits den Stein vor dem Grab weggeschoben hat. Ich höre den langgezogenen Schrei des Lichts in der unendlichen Nacht. Er ist einer der höchst gelegenen Leuchttürme auf der ganzen Welt. Hundertzwanzig Meter samt dem aus dem Meer ragenden Berg. Bei Schönwetter und von unten muss das ein unglaublicher Anblick sein.

Der Sockel wirkt wie ein steinzeitlicher Bau, er ist über ein Jahrhundert alt. Ein Meter hohe, erdbebensichere Mauern. Ein zweistöckiges Parallelepiped mit einer Länge von zwanzig und einer Breite von zehn Meter. Bis zu zwanzig Menschen können hier wohnen, früher beherbergten die Leuchttürme ganze Familien, sogar Kinder wurden hier geboren. Über der Bastei der mächtige, in die Höhe ragende Kegelstumpf. Geländer, Fensterläden, Handläufe sind noch immer im Originalzustand, außergewöhnlich intakt. Ein unverkennbarer Stempel der Welt von gestern, die von der räuberischen Philosophie der neuen Zeiten verleugnet, vom Zeitalter des Kunststoffs und der programmierten Entwertung abgelöst worden ist.

Die Leuchtturmwärter sind harte, an einen Felsen gefesselte Männer. Absolute Herrscher über ihr Land und gleichzeitig Verbannte. Infolge des vielen Alleinseins werden sie mitunter mürrisch und vielleicht sogar ein wenig verrückt. Aber die beiden, die mich auf der Insel willkommen geheißen haben, sind aus gutem Holz geschnitzt. Sie haben mich mit einem Teller – vielmehr einem Napf – Nudeln und ganzen Hummern empfangen und mich eingeladen, mich zu ihnen an den Tisch zu setzen. Der Kapitän ist auch Fischer, bei gutem Wetter fährt er rasch mit dem Boot hinaus und wirft die Netze aus. Bei meiner Ankunft war auf der südseitigen Mauer des Leuchtturmes eine Schnur gespannt, auf der zwei Dutzend Seefische zum Trocknen aufgehängt waren, sie flatterten im Wind wie Wäsche.

Eine lange und kalte Nacht. Ich muss Socken anziehen und mich mit einer zusätzlichen Decke zudecken. Ich mache die Stirnlampe aus und versuche zu schlafen, aber nichts zu machen, mein Kopf ist übervoll mit Bildern. Der Übergang von der Fülle zur Leere dieses Ortes war allzu unvermittelt. Vielleicht versucht der Körper Widerstand gegen den Sog des Nichts zu leisten. Wenn man hier allein ist, läuft man wahrscheinlich wirklich Gefahr, verrückt zu werden. Fast automatisch führt man Selbstgespräche, und es fällt einem gar nicht auf, dass man es nur deshalb macht, weil man einen Doppelgänger an der Seite hat, so etwas Ähnliches wie einen Schutzengel. Ich spüre ihn sogar jetzt: Wenn ich die Augen öffnete, würde ich ihn am Kopfende des Bettes sitzen sehen. Als ich gestern vor dem Regen die Insel erforschte, drehte ich mich zweimal um, um festzustellen, wer hinter mir ging, aber da war niemand.

Es weht ein unangenehmer, feuchter und hinterhältiger Levante, er verursacht ein klagendes Geräusch, lässt die Seelen der Toten wandern und jagt dich in die unerforschten Höhlen deines Ichs. Angesichts der Unendlichkeit der Natur bist du hier ein elendes Nichts. Anders als der Gregale oder die Bora macht er dich nicht fröhlich, reinigt nicht die Seele und die Gedanken. Und er ist auch nicht wie der Mistral, der dich auf seinem Andante maestoso dahinsegeln lässt. Heute Abend empfinde ich das, was man um jeden Preis vor uns zu verbergen sucht und was uns vor dem Schiffbruch retten würde: das Gefühl der Grenze. Ich denke, wie gut uns doch ein wenig gesunde, abergläubische Angst vor dem Zorn Gottes – oder der Götter – tun würde, dann würden wir von diesem obszönen Dünkel genesen, der gedeiht, wenn man sich in der Welt voll Lärm und Verantwortungslosigkeit sicher und satt fühlt.

Gesegnet seist du also, du Levante, in dieser schwarzen Nacht. Lass mich diesen wohltuenden Schrecken bis zur Neige auskosten, wo ich allein bin in diesem Meer, das von zu vielen Netzen kaputtgemacht worden ist. Ja, ich habe gut daran getan, mich allein aufzumachen, die erste Reise in meinem Leben anzutreten, bei der ich mich nicht vom Fleck rühre.

Fünf Uhr morgens. Ich höre den Kapitän die Treppe herunterkommen, er öffnet und schließt die Eingangstür. Ich sehe ihn undeutlich durch das vom Regen gepeitschte Küchenfenster. Bei derart starken

Sturmböen kann man nur auf der Westseite des Leuchtturmes hinausschauen, das ist die einzige geschützte Seite des mächtigen viereckigen Sockels. Er läuft im Sturm zur Wetterstation, um wie jeden Tag die Daten abzulesen. An einem Ort, wo nichts passiert, ist die Uhrzeit tatsächlich das Erste, was man abliest. Die Wetterstation registriert das Universum. Auch unser schlechtes Gewissen.

Die Sicht wird besser. Die Nacht ist nicht mehr pechschwarz, hinter den Wolken leuchtet matt ein unsichtbarer, bereits im Abnehmen begriffener Mond, er wandert Richtung Horizont. Darunter ziehen parallele Wolken von Osten nach Westen, in derselben Richtung wie diese langgezogene Insel. Eine Szene wie bei Walfängern in Nantucket. Allerdings kommt der Wind nicht vom Atlantik her, sondern aus der anderen Richtung. Trotz des Regens ist die Luft hart, als würde man mit einer Karawane die Wüste durchqueren, der Wind pfeift nicht in den Türspalten, sondern reißt an den Fenstern, lässt die Segel des Himmels knattern, schlägt auf eine Trommel – oder vielleicht auf einen Gong – von planetarischen Ausmaßen. Ein Wind, der nach Orient riecht.

Der Chef ist in seine Behausung zurückgekehrt, ich sehe ihn durch die halb offene Tür ganz hinten im Gang in der Küche sitzen. Er raucht wie ein Schlot, gedankenverloren, mit auf dem Tisch aufgestütztem Ellbogen und ganz leise gedrehtem Radio, er hört alte Schlager. Er hat mir angekündigt, was es zum Ostermahl geben wird: Rindssuppe und Kalbsbraten mit Kartoffeln (bei offiziellen Festtagen gönnen sich Seeleute ausnahmsweise Fleisch). Aber er hat mir bereits ein halbes Dutzend Goldbrassen und die Zutaten für eine Drachenkopfsuppe (den Drachenkopf des Tyrrhenischen Meeres) in die Tiefkühltruhe gelegt. Für die Tage danach natürlich. Mein Beitrag zum Fest sind bunte Ostereier, eine Pfanne mit wildem Spargel und mit Knoblauch gedünsteter Mangold.

Jetzt sollte ich Ihnen eigentlich sagen, wo ich bin. Zum Beispiel, dass diese Insel weit weg von allem und dennoch im Zentrum von allem ist. Ein Felsen, den man nicht verfehlen kann, obwohl er so abgelegen ist. Ich sollte Ihnen sagen, dass sie zwar winzig klein, aber dennoch auf allen Karten eingezeichnet ist, weil sie ein äußerst wichtiger Schiffspunkt ist. Sogar auf meiner Karte des Mittelmeeres im Maßstab eins zu zwei Millionen ist sie vermerkt, und die Schrift, die sie bezeichnet, ist zehnmal größer als ihre Ausmaße auf dem Papier. Ich sollte Ihnen die Koordinaten nennen, Breite und Länge. Aber ich tue es nicht. Ich werde Ihnen nicht einmal sagen, zu welchem Staat sie gehört, denn ich hasse Nationalstaaten, und das Meer hat keine Grenzen. Sie sollen nur wissen, dass alle möglichen Völker hier durchgezogen sind. Griechen, Römer, Slawen, Türken, Venezianer, deutschsprachige Völker, Engländer und sarazenische Piraten. Sogar Neapolitaner.

Nur eine Information: Vor ein paar Jahrtausenden haben die Griechen die Insel nach dem Meer benannt, denn in ihren Augen verkörperte sie das Wesen des Meeres. Fragen Sie nicht weiter. Mit einer Suchmaschine ist es ohnehin viel zu einfach. Zwei oder drei Begriffe genügen und selbst ein ahnungsloses Kind findet sie. Ich möchte, dass Sie sich anstrengen, um sie zu finden, dass die Navigation schwierig ist, dass Sie sich in Büchern und dann zwischen Inseln verlieren. Der angebissene Apfel hat uns ohnehin schon zu viel weggenommen: zuerst bei Eva und dann im Netz. Wenn Sie den Ort also finden, jedoch meine Bücher mögen und nicht wollen, dass ein heiliger Ort von Ungläubigen überrannt wird, dann verraten Sie niemandem den Namen. Und wenn Sie den Vertrag brechen und den Namen laut aussprechen, werde ich Sie verfluchen, wie Long John Silver auf der Schatzinsel. Und ich werde alles tun, um Sie der Lüge zu überführen.

Ich muss die Fensterläden schließen, sonst frisst die Salzluft Fenster und Türen. Ich habe sofort zur Kenntnis genommen, dass es diesen Turm bloß deshalb noch gibt, weil er ein Jahrhundert lang täglich gewartet worden ist. Dafür bin nun ich zuständig. Ich sehe, wie der langsame, regelmäßige Lichtstrahl, der aufgrund des Regens fast wie ein fester Körper wirkt, den runden Kopf der Erde berührt, als würde er jemandem den Ritterschlag erteilen, er beschreibt eine perfekte Tangente entlang der Krümmung des Planeten. Eine Quadratrechnung ausgehend von der Höhe der Lichtquelle ergibt, dass sich die Gerade und der Kreis in dreißig Meilen berühren, aber der Lichtpinsel reicht viel weiter, dringt mindestens fünfzig Meilen in die Nacht ein, bis er sich im Nichts verliert.

Die Nacht

Nach wie vor rauer Levante und Regen. Die Fensterläden sind zu, aber das Wasser dringt durch die Ritzen und das Fensterglas ist salzverkrustet. Im Halbdunkel lasse ich Erinnerungen Revue passieren. Ich denke an meine Wanderung an der Küste von Pembrokeshire im Südwesten Englands. Dort kann man mit Seelöwen schwimmen, allerdings muss man über die Klippen hinunterklettern und das kalte Wasser aushalten. Die Weibchen sind neugierig und kommen näher, vor allem, wenn man singt. Ich pfiff *Mull of Kintyre* und sie kamen. Um die Wahrheit zu sagen, kamen sie nur so lange näher, bis das eifersüchtige Männchen aus einer Höhle auf Höhe des Wasserspiegels ein raues Brüllen von sich gab und sie in den Stall zurückrief. Hoch oben auf einem Vorgebirge namens Saint David's Head befindet sich ein Leuchtturm wie dieser, er thront über der Gewalt der Elemente. Aber dahinter gibt es wenigstens ein Dorf und im Dorf ein Pub mit gutem Bier; man tritt mit einem Windstoß ein und die Gäste drehen sich um, um zu schauen, wer es ist, während man dem Sturm die Tür vor der Nase zumacht. Hier gibt es weder ein Dorf, noch ein Pub oder ein gutes Bier: Wir sind zu dritt, allein mit unserem Proviant.

Die Tür zum Zimmer des Leuchtturmwärters am Ende des Ganges steht wie immer offen. Niemand ist da, aber in der Küche ist das Radio an. Musik auch im Stockwerk darunter, im Gerätelager, aber auch dort ist niemand. Ich bin völlig allein, gehe von Tür zu Tür, von Gang zu Gang, wie in einer Krimiszene auf der Suche nach einem flüchtigen Schatten. Die Wärter des Leuchtturmes haben Angst vor der Leere und der Stille. Deshalb suchen sie sich immer eine Beschäftigung und hören ununterbrochen Schlager. Wahrscheinlich halten sie mich für verrückt, dass ich freiwillig ins Exil gegangen bin. Nur aus Höflichkeit sagen sie mir das nicht ins Gesicht.

Ich mache das Kurzwellenradio an, das ich auch während des letzten Balkankrieges dabei hatte. Es begleitet mich seit dreißig Jahren. Es ist ein Radar, ein Seismograf, der die Beben der Welt registriert. Ich höre zornige arabische Worte; vielleicht ein libyscher Sender. Und da ist schon Radio Ceuta, der Sender befindet sich auf den Säulen des Herkules. Ich suche weiter und höre eine kroatische Nachrichtensendung, eine italienische Schuhwerbung und dann wieder Frankreich und Katalonien. Doch gleich darauf brechen die Griechen mit ihrem ungeduldigen Predigerton ein, der wie eine Maschinengewehrsalve klingt. Ich erkenne viele Worte der knorrigen und stolzen Sprache, die ich im Gymnasium gelernt habe. Zum Beispiel: Pandämonium. Es scheint ein Symbol für das unruhige Mittelmeer zu sein, das uns entgleitet.

Die Schulden der Griechen: Allein bei der Erwähnung des Wortes muss ich schon lachen. Die Schulden der Griechen! Bei all dem, was Europa und die Welt den Griechen verdankt. Allein die vier Namen des Meeres, die Hellas geprägt hat: „Pelagos", die unermesslichen Tiefen. „Thalassa", der plötzliche Anblick des blauen Meeres, nachdem man wie Xenophon in der *Anabasis* Abertausende Meilen auf dem Landweg zurückgelegt hat. Und dann „Hals", das Meer als salzige Materie im Gegensatz zu Süßwasser. Und schließlich „Pontos": das Meer als Route, Überquerung, willkommene Abkürzung, um von einem Ort zum anderen zu gelangen.

Es ist acht Uhr und ich habe bereits Hunger. Ich bin erst vierundzwanzig Stunden hier und habe mich schon verändert. Am liebsten würde ich die Diätkost und den grünen Tee, die ich mitgenommen habe, den Fischen zum Fraß vorwerfen und mir ein paar Sardinen grillen, dazu einen schönen Kaffee aus der Kanne und ein großes, rundes Brot, das noch immer nach frisch gemahlenem Korn riecht, wie man es in Süditalien bekommt. Und dann, warum nicht, würde ich gern in eine frisch gepflückte Zwiebel beißen. Auf der Insel gibt es Zwiebeln, zumindest hat das der Kapitän gestern Abend gesagt, als er mir wie nebenbei ein schönes Büschel wilder, frisch gepflückter Spargel auf den Tisch gelegt hat, „aber unbedingt roh essen!".

Ich röste ein paar Mandeln, beiße in ein Stück Schokolade, räume die Küche auf, ordne die Bücher, einfach so, um nicht zu verkommen. Bei Schlechtwetter reduziert sich der Tagesablauf auf ein Hin und Her zwischen Bett und Herd. Eine Reise, bei der man sich nicht von der Stelle rührt, ist die schwierigste von allen, denn man hat keinen Ausweg, man ist allein mit sich, fällt Visionen anheim und lässt sich schnell, wie selbstverständlich, gehen. Aber warum zum Teufel bin ich überhaupt hierhergekommen, ausgerechnet hierher, an einen der unzugänglichsten Orte im Mittelmeer, auf eine Insel, die man nur mit einer zweieinhalbtägigen Reise erreicht?

Ich bin hergekommen, weil ich schon lange so einen Ort gesucht habe. Im Grunde träumen alle davon. „Ein Leuchtturm! Wunderbar, ich beneide dich", haben die zu mir gesagt, denen ich davon erzählt habe. Aber allein hätte ich diesen Leuchtturm, ausgerechnet diesen Leuchtturm, der sich steil über dem Nichts befindet, nie gefunden. Schuld daran ist gewissermaßen einer der erfahrensten Skipper des Mittelmeeres, ein Triestiner Freund, mit Vornamen Piero und Nachnamen Tassinari, der beim Steuern die *Odyssee* auswendig aufsagt, vielmehr singt, sich an den Sternen orientiert und mit einem Jahrhundert alten Seekarten navigiert. Ihm habe ich immer blind vertraut und so habe ich ihn eines Tages gefragt, welcher Leuchtturm seiner Meinung nach der verrückteste sei.

Er hat mir ein Mail aus England geschickt:

Eines Abends im Mai bin ich daran vorbeigefahren, mit sechs, sieben Knoten, die wir dem Mistral zu verdanken hatten, mit der Hand voll Reffen. Wir passierten die Insel im Süden, im schönsten Sonnenuntergang, den ich je gesehen habe. Man sah nur eine blaue Silhouette mit dem Licht des Leuchtturmes ganz oben. Sie sah aus wie ein verzaubertes Schloss, sie war so schön, dass sie fast Angst machte. Wir waren zu viert, wie Kinder, sprachlos, erst nach Mitternacht haben wir uns wieder gefasst, als der Wind auf Südwesten gedreht hat, ein heißer, klebriger Wind, und wir einigen Tankschiffen begegnet sind. Ich habe immer davon geträumt, hinzufahren, allerdings ist dort überhaupt nichts, und im April, Mai läuft man Gefahr, am Festland oder auf der Insel festzusitzen. Such dir einen leichter zugänglichen Ort.

Vielleicht riet Piero mir davon ab, um mich auf die Probe zu stellen. Doch als ich ihm später meine Entscheidung mitgeteilt habe, hat er gejubelt. Und seinen Neid in Verse gegossen.

Piero segelt mit einem hundert Jahre alten, in England gebauten Schiff, dessen komplizierte Genealogie er in allen Details erforscht hat. Es heißt Moya und ist eine fast mütterliche, dreizehn Meter lange Schale, an deren Bord sich Regisseure und Schauspieler wie Peter O'Toole und Anthony Quinn getummelt haben, mit Schwärmen von „Playboy"-Bunnys im Gefolge. Mit Moya ist er kreuz und quer durch das Mittelmeer gesegelt, und manchmal habe ich ihn begleitet, von Dalmatien bis zu dem Meer vor Ithaka, wo die Seeschlacht von Lepanto stattfand, und dann vom Golf von Korinth bis zur Insel Mykonos, im windigen Herzen der Kykladen.

Piero hatte beschlossen, durch das „griechische Meer" bis zur Insel Kos zu segeln und eine Weihegabe (einen Hahn, wie es die Griechen vorgemacht haben) in den Tempel des Äskulap zu bringen, dem Gott und Begründer der Heilkunst; er wollte den Göttern dafür danken, dass er eine schwere Krankheit überlebt hatte. Es war April, ein außergewöhnlich kalter Frühling, der Parnass und die Gebirge des Peloponnes waren noch schneebedeckt. Wir fuhren am Kap Sunion vorbei, dann – nach einer Reparaturpause auf Kea – Richtung Ostsüdosten, mit zwanzig Knoten dank des libyschen Windes und hoher Wellen, die uns durchnässten. Als wir Syros im Norden passierten und das Meer uns eine kurze Atempause gewährte, geschah etwas Unvergessliches. „Wie lautet dein Lied über Syros?", fragte mich Piero, und ich kam der Aufforderung des Kapitäns nach und schmetterte das schöne *Fragosyriani*.

Da schloss Piero auf der beängstigend schiefen Brücke die Augen, trotzte dem Wind und der Gefahr, ins Meer zu rutschen (wir hatten kein Geländer) oder sich in dem Haufen von Tauen zu verheddern, breitete die Arme aus, schnalzte mit den Fingern und tanzte verzückt einen Sirtaki wie ein echter Grieche, als ob wir gar nicht da wären. Er feierte das Leben, seinen Sieg über die ärztlichen Befunde. Wenn wir uns von den Mühen des Segelns erholten, spielte er oft auch Flöte, und zwar sehr gut. Er spielte so gut, dass eines Abends in einer menschenleeren Bucht an der türkischen Küste zwei Einheimische mit einer Flasche Raki angeschwommen kamen, als Dank dafür, dass er, der Fremde, ein Gratiskonzert gegeben hatte.

Aber vielleicht ist meine Entscheidung auch von einem großartigen Schriftsteller des Meeres, von Antonio Mallardi aus Bari, beeinflusst worden. Einer derart homerischen Seele werde ich wahrscheinlich nie mehr begegnen. Er ist Fischer, Bauer, Cellist, Schiffsbauer und Verlagslektor, hat auf den Tremitischen Inseln, im Ionischen Meer und im glühenden Meer von Haifa Zahnbrassen und Muränen gefischt. Mit Fosco Maraini hat er die Insel Ithaka tauchend umrundet, hat eine Woche lang Drachenköpfe gejagt, nur von einem Beiboot begleitet. In diesem Meer, hat Antonio mir erzählt, nachdem wir gemeinsam eine Flasche Malvasier getrunken hatten, „waren wir glücklich wie Seebarsche, verrückt wie Bernsteinmakrelen, die Sardellenschwärme verfolgen, und schnell wie Hornhechte auf der Flucht vor Thunfischen".

Hin und wieder schickt mir Antonio überraschenderweise maschinengeschriebene Briefe, die vor kostbaren Details strotzen und vor Empörung angesichts der Arroganz und der räuberischen Mentalität der Gegenwart brennen, aber auch nach Opuntien und Salzluft, nach Wind und Mythos duften. Und meine Insel, hat er mir eines Tages geschrieben – vor langer Zeit, ich erinnere mich nicht, wann –, sei genau der richtige Ort, um sich am Wind und am Mythos zu berauschen. Auch er habe vor fünfzig Jahren davon geträumt, als Leuchtturmwärter zu arbeiten. Das war das Einzige, was er in seinem unsteten Leben noch nicht gemacht hatte. Das Marineministerium hatte ihm schon einen Termin für das Bewerbungsgespräch gegeben, und er hatte Mara, seiner Frau, davon erzählt. „Entweder ich oder der Leuchtturm", hatte sie geantwortet. Und so sucht ihn der unerfüllte Traum in stürmischen Nächten noch immer heim.

Äolus bläst wie wahnsinnig, aber es regnet nicht mehr und der Himmel wird ganz hell. In wenigen Minuten verwandelt sich Cornwall in die Ägäis und das östliche Mittelmeer zeigt sich in seiner ganzen Pracht. Ich habe Antonios Buch bei mir, es hier zu lesen, macht es zu etwas ganz Besonderem. Der Wind aus dem Osten „ist schwer von Licht und Reflexen … er krönt das Meer mit schnell aufeinander folgenden gischtreichen Wellen, taucht die Klippen in Licht … bringt Mythen- und Rosmarinsamen … lässt Opuntien und Wein reifen, lässt Weizenfelder wie Mohnfelder blühen, versengt Stirn und Nacken der Fischer, befruchtet das Meer mit neuen Fischen … Der Wind unserer uralten Kultur, der die Segel Odysseus' und Diomedes' blähte, weht auch in unserer Landschaft, obwohl Jahrtausende vergangen sind, obwohl von Griechenland nur Ruinen übrig geblieben sind. Der Osten schenkt uns nach wie vor Wärme und Leben.“

Die Tramontana

An einem Ort, der nachts den Betrieb aufnimmt, wird man unweigerlich zum Schlafwandler oder man schafft die Zeit ab. Jetzt ist auch noch Windstille eingekehrt; und ein an die Bora gewöhnter Triestiner wird bei Windstille unruhig, er glaubt, die Welt hörte auf sich zu drehen. Ihm kommen Gedanken wie: Und wenn die Sonne nicht mehr aufginge? Genau das habe ich mir heute Morgen gegen drei Uhr gedacht. Ich erinnere mich, dass ich auch als Kind diese Furcht hatte; und hier im Leuchtturm macht sie sich wieder bemerkbar. Aber es ist ein heiliges Gefühl, denn es zwingt einen, versöhnliche Rituale durchzuführen, um die Natur günstig zu stimmen. Vielleicht werde ich an einem windstillen Tag vor dem Morgengrauen ein Feuer für die Sonne anzünden, am östlichen Kap.

Ich höre, dass der Kapitän die Treppe herunterkommt, um an der Wetterstation die Daten abzulesen, es ist also kurz vor fünf Uhr. Gestern hat er zu mir gesagt, dass er danach nicht mehr schlafen würde. Er hat gerade einmal Zeit für einen Kaffee und in der Morgendämmerung muss er hinausfahren und die Netze einholen. Draußen herrscht eine schreckliche Stille, kaum das Rauschen einer Brandung. Keine Möwen unterwegs, der Himmel versinkt in Warten, Unbeweglichkeit und Dunst, nur eine zarte Helligkeit dort, wo der abnehmende Mond sein sollte. Ich versuche wieder einzuschlafen, falle jedoch in einen Zustand der Taubheit und Gefühllosigkeit, mitten unter geöffneten Büchern und Heften auf dem Bett.

Kurz vor sechs Uhr lassen mich zwei, drei Windstöße hochfahren. Schirokko. Ich mache die Fenster auf, es riecht verbrannt nach verdorrten Feldern, aber auch nach der Feuchtigkeit des Meeres. Ich kenne diesen Geruch aus Algier und Lampedusa, versengtes Gras und Staub. Aber es dauert nicht lang, nach einer halben Stunde herrscht wieder Windstille und der Geruch verschwindet. Keine Ahnung, was dieser ruhelose Himmel im Schilde führt. Der Luftdruck ist ganz niedrig, bald ist es Mai und der Frühling will nicht kommen.

Durch das Fenster sehe ich den Kapitän, zwischen Möwennestern geht er zum Boot hinunter, an der Ruine eines ehemaligen Schilderhäuschens vorbei, der Kamm der Insel trägt dort einen Namen, der so viel wie „Eidechse" bedeutet, und verschwindet hinter der Kuppe. Er schuftet für zwei, aber ich habe ihn nicht gefragt, ob ich ihm helfen könne, denn in dem dreieinhalb Meter langen Boot wäre ich ohnehin nur im Weg. Im Meer wimmelt es von migrierenden Sardellen, aber er will einen sesshaften Fisch aufstöbern, den edlen Fisch der Klippen. Durch das Fernrohr sehe ich die Nussschale, mit der er das Kap umschifft. Eine sizilianische Szene, wie aus Giovanni Vergas *Malavoglia.* Es regnet, aber wenigstens ist das Meer jetzt ruhig.

Während des Frühstücks verändert sich der Himmel aufs Neue, dicht über dem Wasser weht ein leichter Wind. Bei mir zu Hause setzt die Bora auf diese Weise ein. Aber hier ist es die Tramontana. Beständiger, weniger nervös. Sie peitscht das Meer nicht, sie setzt den Wellen Schaum- und Gischtkronen auf. Sie schlängelt sich nicht, sie schiebt eine hundert Meter hohe Wand vor sich her und wird von einem gleichmäßigen Crescendo begleitet. Innerhalb einer halben Stunde bevölkert sich das Meer mit weißen Nereiden. Eine unaufhaltsame Prozession erobert drei Viertel der Insel. Keine Ahnung, wie der Kapitän es schaffen wird, allerdings befindet er sich auf dem windgeschützten Teil der Insel. „Kein Problem", sagt sein Helfer, der draußen die Netze putzt. Der „Alte" wird es schon schaffen.

Tatsächlich bin ich gerade noch rechtzeitig auf der Insel angekommen. Die Temperatur ist um zehn Grad gefallen. Ich sehe eine der Inselkatzen, die schwarzweiße, sie hat sich hinter einer kleinen Mauer zusammengerollt. Es ist einer der Tage, an denen selbst eine winzige Insel *Terra incognita* wird und man sein Habitat am liebsten auf den Leuchtturm beschränken möchte. Übrigens, was gibt es im Umkreis von hundert Meilen Besseres als diesen provisorischen Thron von Zeus, von dem aus man alles sieht? Ich ziehe mich warm an und hocke mich wie ein Kondor auf die Ostseite der Terrasse. Ich muss nur darauf warten, dass der Chef zwischen den kleinen Inseln, hinter dem Schwanz der Rieseneidechse auftaucht.

Und da ist er auch schon, winzig klein und dicht an der Küste, um weniger Wind abzubekommen. Er peilt die Seilbahn an, die sich steil unter dem Leuchtturm befindet, er gestikuliert, um seinem Adjutanten Zeichen zu geben, er schreit „tiefer!", „nochmal!", und der junge Mann kurbelt konzentriert, um ja keinen Fehler zu begehen. Die Lore der Seilbahn fährt hinunter, hält auf der Höhe des Wassers an. Der Mann hundertzehn Meter weiter unten hält sich am Seil fest, wirft ein, zwei Säcke in die Lore, dann lässt er los, um noch mehr Säcke zu holen, doch der Wind treibt das Boot ab. Jetzt ist er wieder am Steuer, gewinnt Boden, nähert sich der Seilbahn. Um sich gegen das feindselige Meer zu behaupten, braucht es Gleichgewicht, Geduld und kleine Motorschübe.

Ich gehe zum Strand hinunter und helfe ihm, das Boot an Land zu ziehen, wenigstens das. Ich muss nur ein paarmal fest die Seilwinde drehen, ein altes verrostetes Werkzeug voll schwarzem Schmierfett. Wir entfernen die Reste aus dem Netz. Wasser und die letzten Fische. Lachend drückt mir der Chef einen noch lebendigen achtzig Zentimeter langen Barrakuda in die Hand, dann klemmt er sich einen Hummer unter die Achsel und läuft in den Geräteschuppen, um die Öljacke auszuziehen und sich die erste Zigarette anzuzünden. Er lässt sich auf einen Stuhl fallen und raucht mit so großem Genuss, dass sogar ich, der ich in meinem ganzen Leben höchstens so getan habe, als würde ich einen Zug machen, Lust auf eine Zigarette bekomme.

Bärenhunger am Ostersonntag. Der Adjutant hat bereits das Brot in den Ofen geschoben und die Kalbshaxe in Sauce gewärmt. Drei Teller und Besteck auf den Marmortisch und los – was für eine Freude, den beiden beim Essen zuzusehen. Allein davon wird man satt. Der Chef ist eine Bronzeskulptur, Ellbogen auf dem Tisch, wie früher die Bauern, wie alle, die mit den Armen arbeiten und die Schultern entlasten wollen. Die Gabel hält er nicht mit den Fingern, sondern mit der Faust, pfeif drauf. Das Brot ist dazu da, gebrochen zu werden, es wäre ein Sakrileg, es zu schneiden, zum Teufel, es dient zum Auftunken der Sauce, nicht um es trocken und elegant in der Hand zu halten.

Nach dem Kaffee ist es an der Zeit, die Pantoffeln anzuziehen. Auf dem Korridor höre ich den schlurfenden Gang des Fischers nach getanem Tagwerk. Er sendet Signale aus. Müdigkeit und wohlverdiente

Ruhe. Vorrangstellung gegenüber seinem Helfer, der es sich nie erlauben würde, es dem Satrapen, seinem Chef, gleichzutun, tatsächlich geht er auf leisen Sohlen. Er gibt zu verstehen, dass er zu Hause beziehungsweise in seinem unangefochtenen Reich ist. Wir haben gearbeitet, sagen die Pantoffeln, wir haben das Recht erworben, uns hinzulegen. Das ist das Vorspiel zum Nachmittagsschlaf, dem tiefen Schlaf auf dem Sofa. Dem Schlaf des Fischers, der angezogen auf die Seile sinkt, ohne Pyjama, Milchkaffee und Brioches.

Die Steilküste

Um vom äußersten Norden des Mittelmeerraumes zum einsamsten aller Leuchttürme zu gelangen, muss man eine Steppe durchqueren, die so einsam und windgepeitscht ist, dass man glaubt, man wäre in der Mongolei. Angeblich biegt sich das Gras auf dem Hochplateau in nur eine Richtung, die der Bora, und die Bewohner – die aus diesem Grund von der Küstenbevölkerung verlacht werden – hegen eine tiefe Angst vor dem Meer. Aber das ist nur der Anfang einer komplizierten Reise voll Überraschungen und Visionen, bei der man von Fähren auf unwegsame Bergstraßen wechselt und die mindestens zwei Tage dauert, allerdings nur, wenn das Wetter mitspielt.

Nach den Almen taucht am Ende eines mächtigen Tales das Mittelmeer auf, hinter den Eichen sieht man die ersten Inseln. Auf diesem Archipel, heißt es, landeten die Argonauten, und am liebsten würde man einfach auf dieser Route weiterfahren, aber in Ufernähe weht der Wind so stark, dass selbst die erfahrensten Kapitäne lieber auf offener See bleiben. Der Landweg ist nicht besser: Plötzlich baut sich vor einem ein sehr hoher und steiler Berg auf, eine kurvenreiche Straße führt steil über den Felsen hinauf und die Windböen sind so stark, dass sie sogar Lkw-Anhänger in den Abgrund stoßen. Deshalb machen die meisten lieber einen Umweg und umfahren den Berg im Landesinneren.

Jahrhundertelang kletterten die Türken auf diese Gebirgskette, um von oben das Reich der Venezianer zu beobachten. Heute leben hier kriegerische Horden, die infolge des oft wolkenverhangenen Himmels mürrisch und verrückt geworden sind. Wenn die Gebirgler Fische kaufen oder ihre Tiere verkaufen wollen, gehen sie argwöhnisch zur Küste hinunter, sie beneiden die Bewohner nicht nur um ihre Besitztümer, sondern auch um das mildere Klima. Deshalb veranstalten sie regelmäßig Raubzüge, die Küstenbewohner haben sich daran gewöhnt, nicht zuletzt, weil sie wissen, dass die Gebirgler sich zähmen und sogar zu Fischern umschulen lassen, einem Beruf, bei dem sie sich aufgrund ihrer Ausdauer und ihres harten Charakters hervortun.

Im Sommer, an seltenen Schönwetterabenden, kann man vom Meer aus sehen – ich habe es vor ein paar Jahren gesehen –, wie ein riesiger, eisblauer Mond hinter der glühenden Gebirgskette aufsteigt, derselbe Mond, der einen in der afrikanischen Wüste oder auf Feuerland bezaubert, wenn er hinter den patagonischen Anden aufgeht. Eine Legende besagt, dass der Berg nur deshalb so düster dreinblickt, weil „er es nicht geschafft hat, eine Insel zu werden“. Alle Seeleute in dieser Gegend wissen, dass Inseln nichts anderes sind als Berge inmitten von Wasser. Aber sie wissen auch, dass nicht alle Berge so ein Glück hatten.

Im Mittelmeerraum reicht es, auf eine Höhe von zweihundert Meter zu steigen, und schon verschwindet die mediterrane Kultur und es beginnt das Land der Hirten. Diesem Dualismus begegnet man auf jeder Insel. Auch mitten auf den Kykladen erinnern die Dörfer im Inneren mehr an Bosnien, die Herzegowina, Anatolien und die Abruzzen als an Griechenland. Die Welt der harten Winter kehrt dem Meer den Rücken zu, denn dieses gilt als hinterhältiges Land der Schiffbrüchigen, Invasionen und Stürme, als Durchzugsgebiet von Piraten und betrügerischen Kaufleuten. Eine Welt, wo die Zeit, einmal abgesehen von den Jahreszeiten, von der wachsenden Zahl der Falten auf den Gesichtern knochiger, schwarz gekleideter Matronen unterteilt wird.

Dörfer, so geschlossen wie eine Auster, unsichtbar für die Seefahrer, in denen manche Bewohner ihr ganzes Leben zubringen, ohne ein einziges Mal an die Küste hinunterzugehen; eine Menge schwindelerregender Terrassenbauten, wo die Häuser nur aufrechtstehen, weil sie einander stützen, und der Esel nach wie vor das einzige Transportmittel ist. Talmulden, wo sogar das Schnurren einer Katze ein Echo hat und das Schreien des Esels widerhallt wie in einem Amphitheater. Inseln an der Peripherie, wo man je nach Höhe an einem Sturz oder an einem Schiffbruch stirbt, wo der Anisschnaps eint, den man im Halbdunkel einer Taverne trinkt.

Auch ich bin auf dem Landweg gereist, zwischen Bergen, die so krumm wie ein schlechtes Omen sind, und schrecklichen Windstößen, habe mit Quellen und Wasserfällen gesegnete Talkessel passiert, wo Falken kreisen und das Wetter ständig wechselt, als ob sich zwei Himmel ausgerechnet entlang dieser Linie eine Feldschlacht lieferten. Mitten im Frühling habe ich auf einem Pass ein Schneegestöber erlebt und von einem Eissturm vernichtete Wälder gesehen. Ein Schild an einem baufälligen Haus warnte vor Bären und Wölfen, und das Meer, das nur von einem Bergkamm verdeckt wurde, schien Hunderte Meilen entfernt zu sein.

Hier verlor sich die Straße in lang gestreckten Tälern, in einem Archipel verstreuter Dörfer, in einer unruhigen, fast balkanisch oder anatolisch anmutenden Landschaft. Wie auf dem Hochplateau der Karamanen sah ich Reste von Karawansereien und Verkäufer von Ziegenkäse, die im Wind am Rand von kaum befahrenen Straßen standen. Zum Abendessen aß ich Lammspieße und trank geharzten Wein. Ich befand mich an der Grenze, zwei Schritte von den Minaretten entfernt, im Herzen einer Welt, wo man eine harte Sprache voll nervöser Konsonanten spricht, die jedoch weicher wird, je mehr man sich dem Meer nähert.

Unter einem steilen Abhang, nach einer von Einsiedlern bewohnten Schlucht, tauchte dann plötzlich wieder das Meer auf. Es gab den Blick frei auf weitere Archipele, die von Griechen, Phöniziern, Venezianern befahren worden waren, und an der Küste tauchten auch die prächtigen Reste der römischen Herrschaft auf. Die Stadt am Fuße des Berges hatte den viereckigen Grundriss der Legionen und der Imperatoren und einen großen Markt außerhalb der Mauern, wo runzelige, schwarz gekleidete Parzen inmitten von Tomatenkörben, Hühnerkäfigen und ägyptisch anmutenden Katzen ein wundersames Stimmengewirr erzeugten, das sehr gut slawisch, türkisch, griechisch, aber auch venezianisch hätte sein können.

Wie an den Steilstränden der Liburner, an den felsigen Küsten der Katalonen oder der Südküste Kretas werden auch hier die Fischerboote in unglaublichen Höhen verstaut. Als ich die Gassen hinaufstieg, entdeckte ich einen sorgfältig bemalten Schiffsbug, der von einer Terrasse aus auf die Straße ragte, und einen alten Masten inmitten von Blumentöpfen, den man auf einem Dachgarten aufgestellt hatte. Von einem jüdischen Friedhof hoch über dem Meer sah ich dann vor der

Stadt eine Insel, die sogar den Namen Leuchtturm trug, die Vorhut meiner einsamen Endstation.

Am Karfreitagnachmittag brachte mich eine mit Frauen vollbesetzte Fähre auf einem vom Schirokko gepeitschten Meer auf die Rückseite der großen Insel und ließ mich an einem Hafen aussteigen, der dem Maul eines Haifisches ähnelte. In der größten Kirche des Dorfes, wo ich übernachten wollte, hielt ein Priester knienden Frauen das Kreuz hin wie ein Schwert, während auf dem Kirchplatz Dutzende Kinder auf die Prozession warteten, mit Windrädern aus Holz, die ein grillenartiges Zirpen erzeugten.

Als drinnen Borduntöne und Litaneien zu Ende gingen, begann draußen ein Gesang. Männlich, mächtig, umgeben von Kerzen. Wie auf Sardinien, auf den Balearen, in Griechenland. Stimmen des Christentums, beeinflusst von den Sepharden und der Sevdalinka der Mittelmeertürken. Die Stimme des Mittelmeerraumes selbst. Die Prozession setzte sich in den menschenleeren Straßen in Bewegung, und im Dorf gab es nur noch die Prozession. Die Prozession war das Dorf. Die Männer riefen, die Frauen antworteten, und trotz des vielen Weihrauchs und der heiligen Paramente zählte vor allem der weltliche, profane Gesang einer Gemeinschaft, die sich stolz auf ihre Wurzeln besann. Und ich dachte, dass Kirchen und Leuchttürme im Grunde von denselben Göttern bewohnt wurden.

Es war eine sternklare Nacht, die erste ruhige Nacht nach den vielen Stürmen, und noch im Morgengrauen weckte mich der Duft des frischen Brotes unter den Fenstern. Ich ging in die Bäckerei hinunter und frühstückte. Sie war das letzte Geschäft, die letzte Möglichkeit, Geld auszugeben, das letzte bunte Ladenschild vor der geheimnisvollen Insel. Dann lud ich mein Hundert-Kilo-Gepäck ein und das Motorboot fuhr langsam auf die Hafenmündung zu, gleich darauf legte es Höchstgeschwindigkeit ein. Auf dem Walrücken einer nahen Insel sah ich einen Leuchtturm emporragen, ähnlich dem auf Knidos an der türkischen Ägäisküste, dem fantastischen Turm der Windscheide, die die Welt der Meltemiwinde von der Welt der fliegenden Fische im Osten trennt, die in windstillen Nächten leuchtend an der Oberfläche springen, auf den Routen Richtung Zypern und Libanon.

Ich atmete tief ein und sang während der ganzen Überfahrt lautstark – beim Lärm des Motors konnte mich ohnehin niemand hören –, während die Inseln wie Theaterkulissen eine nach der anderen an mir vorbeizogen, und fuhr hinaus aufs offene Meer.

Der Esel

Der König des Leuchtturmes ist ein einäugiger Esel, der Zitronen liebt und abgesehen von den Leuchtturmwärtern und mir das einzige große Säugetier auf der Insel ist. Er grast allein auf der Weide, schläft in einer Höhle, und da es seit einigen Jahren zum Transportieren von schweren Lasten eine Seilbahn gibt, ist er wie jeder König der Arbeit enthoben, für die seinesgleichen vorgesehen ist. Seine Vorgängerin war eine Eselin mit dem schönen lateinischen Namen Mercedes, von ihr hieß es, dass sie sich in die Büsche schlug, sobald es etwas zu arbeiten gab. Einmal im Monat, wenn das schwer beladene Motorboot zur Wachablöse der Leuchtturmwärter kam, verschwand sie in der Macchia und war so gut wie nicht wiederzufinden. Sie hörte das Motorengeräusch vor allen anderen. Auch zum Sterben zog sie sich zurück, eines Tages im Herbst. Ihre Gebeine wurden etwas später am Fuße der Klippen gefunden. Offenbar hatte sie sich in die Tiefe gestürzt, weil sie den Gedanken nicht ertrug, würdelos zu altern. Eine Tat wie aus einer griechischen Tragödie.

Heute ist es sonnig, ein Tag, geeignet dafür, die Insel zu erkunden. Ich gehe zum Esel hinunter, um mich vorzustellen, wie es sich gehört. Als Geschenk bringe ich ihm eine Zitrone und frische Mangoldwurzeln mit. Er hört auf zu grasen und sieht mich an. Seine Ohren drehen sich wie ein Radar und er kommt ruhig auf mich zu. Mit souveräner Langsamkeit schnüffelt er an der Zitrone und beißt hinein, dann widmet er sich dem Grünzeug und lässt sich ausführlich striegeln. Mir fällt ein, dass auch der Leuchtturm nur ein Auge hat, und so beschließe ich, ihn Kyklops zu taufen. Natürlich kenne ich seinen richtigen Namen, aber wenn man drauf und dran ist, eine Insel zu erkunden, nimmt man wie alle Eroberer die Unart an, die Orte und die Tiere, die sie bevölkern, neu zu benennen. Der Esel ist für mich der „Zyklop", nicht zuletzt weil ich weiß, dass er als Erster über diesen Namen lachen würde. Wie alle Esel hat er Sinn für Humor und weiß sehr gut, das schiere Gegenteil von Polyphems zerstörerischer Wut zu sein.

Kleine Inseln sind der Inbegriff der Widersprüche. Man sucht sie auf, um Frieden vor der Welt zu finden, und das Wetter wirft einen ins Zentrum eines ruhelosen Universums. Sie sind Peripherie und Nabel, *Omphalos.* Man landet hier auf der Suche nach einem Traum, aber mitunter rufen sie Alpträume und schreckliche Gedanken hervor. Dem Mythos zufolge sind sie der Geburtsort der Götter, aber auch das Versteck von Ungeheuern, etwa des Zyklopen. Sie sind ein Land ohne Gesetze und ein Land der Gesetzüberschreitungen, aber auch eine Einsiedelei für alle, die sich vor den Versuchungen der Welt zurückziehen wollen. Für die, die sich hier aufhalten, können sie zum Ort der Erkenntnis werden, man kann hier aber auch der Einsamkeit und dem Vergessen anheimfallen. Lethe und Mnemosyne wohnen hier Tür an Tür, versteckt in der stürmischen Heide. Aber vor allem sind sie Exil und Königreich. Auch für meinen Esel, der wie der Leuchtturmwärter gleichzeitig Gefangener und Herrscher über seine Insel ist.

Der Esel! Wie konnte ich nur vergessen! Wenn es eine Insel gibt, die gewissermaßen der Inbegriff dieses Widerspruchs ist, dann trägt sie den Namen meines graufelligen Vierbeiners mit den langen Ohren. Asinara. Ihr Name im Atlas brüllte wie ein schrecklicher Eselsschrei, mit drei luftigen „a". Nicht zuletzt aufgrund des Echos ihres wohltönenden Namens beschloss ich 2011 hinzufahren. Das Gefängnis war seit einem Dutzend Jahren aufgelassen, und ich fragte mich schon lange, was von der Quarantänestation und dem Landesteg übrig geblieben war, auf dem die Richter Falcone und Borsellino am Vorabend des Maxiprozesses gegen die Mafia an Land gegangen waren. Ich wollte diesen Ort der Heide und der Salzluft sehen, diesen Raum der Halbfreiheit, der Gefängniswärter und Gefangene einte.

Als Erster hatte mir ein Schulfreund im Gymnasium davon erzählt, er war 1946 dort zur Welt gekommen. Pino Malara war Sohn eines Gefängnisdirektors und trug ebenfalls drei „a" in seinem Namen. Die Gefängnisinsel hatte ihm einen unbezähmbaren Freiheitsdrang eingepflanzt. Aber die schönsten Geschichten erzählte Paolo, sein älterer Bruder. Nachdem er ein Leben lang umgezogen war – er war Offizier der Alpini, der Gebirgsjäger, gewesen –, klammerte er sich an dieses Stückchen Erde wie an Ithaka, es war das einzige Beständige in seinem Leben. Er erzählte von den Raubzügen, die er in seiner wilden Kindheit unternommen hatte, er konnte ganz genau erzählen, wie die Verunglückten des Panzerschiffs Roma an Land gegangen waren, das einige Meilen vor der Küste Schiffbruch erlitten hatte.

Ich brach augenblicklich auf. Vom Hafen Stintino aus gesehen lag die Insel ruhig im Wind, schief und lilafarben. Claudio Meucci, ein rothaariger Sarde, hatte im Garten seines Hauses ein „purceddu“, ein Spanferkel, gebraten und Freunde eingeladen. Die Asinara war nur eine halbe Meile entfernt, aber er hatte die Insel erst 1999 betreten dürfen, als das Hochsicherheitsgefängnis aufgelassen worden war, in dem unter anderem der Mafiaboss Totò Riina eingesessen hatte. Er sagte, er sei unglaublich aufgeregt gewesen. Punta Scorno mit seinem Leuchtturm sei ein Konzentrat aus Düften und unberührten Felsen gewesen, vor dem von der Tramontana gepflügten Meer. Aber die Insel war völlig menschenleer. Schon damals war die Asinara die größte unbewohnte Insel im Mittelmeer.

An diesem Abend begünstigte der Wein die Erzählungen. Wir beschworen Bilder von Gefängniswärtern herauf, die über den Strand ritten, wir erinnerten uns an die Flucht eines Insassen, dem seine Frau ein Schlauchboot gebracht hatte, und an die Festnahme anderer, die in einem Hasenstall gelandet waren. „Ach, Asinara“, seufzten viele an diesem Abend. Sie war die große Mutter, denn ihr war es zu verdanken, dass am Festland das Dorf Stintino gegründet worden war, nicht umgekehrt. Im Jahr 1885 hatte der Staat die Insel beansprucht und fünfundvierzig Fischerfamilien hatten die Insel verlassen und ein neues Dorf gründen müssen. „Ich bin nicht auf der Asinara geboren worden, mein Großvater jedoch schon, das genügt mir, um mich als Inselbewohnerin zu fühlen“, sagte eine Frau, gleich darauf erzählte sie von Gämsen, Albinoeseln und Gärtnern, die gleichzeitig Gefangene waren. „Wenn der Levante die Insel lahmlegte, wurden alle zu Gefangenen, auch die Gefängniswärter.“

Am Morgen darauf segelten wir los, mit dem Boot Antonio Fresis, eines Skippers mit griechischem Profil, der Parkwächter war und eine Landeerlaubnis für die Insel besaß. Auf einem spiegelglatten Meer, in dem man Delphine sehen konnte, passierten wir legendäre Orte. Das Eisenkreuz, das von den Verbannten der Asinara aufgestellt worden war, die ehemalige *Tonnara*, die Großfischanlage für Thunfische, die Isola Piana, wohin die Familie Berlinguer im Herbst die Kühe brachte, mit einem Strick in einem Ruderboot angebunden. Und dann der früher einmal von Leuchtfeuern gesäumte Stretto di fornelli, ein winziger, von Relikten bevölkerter Kanal. Alles auf einer Distanz von zwei Meilen. Am anderen Ende war die Insel und Antonio erzählte und zeigte dabei mit dem Finger auf die Orte: „Hier badeten die Insassen, hier pflügten sie den Boden, hier spielten sie Fußball. Viele haben geweint, als sie gehen mussten."

Der Mistral hob an, das Boot neigte sich und drehte vor dem Haus Falcones in Cala d'Olivo ab, dann legten wir in Cala Reale an, dort hörten wir schon das Gebrüll der Albinoesel. Das ist eine ortsspezifische Rasse der Insel Asinara, hat allerdings nichts mit dem Namen der Insel zu tun. Die Esel trabten zwischen den Ruinen der Quarantänestation und von Disteln überwucherten Mauerresten. Ich fragte, ob sie brunftig seien, und Claudio lachte, Esel seien immer brunftig, immer und allezeit. Da es keine Menschen hier gab, waren sie die Herren der Insel und kämpften mit Bissen und herzzerreißenden Schreien um die Herrschaft. Ein paar Wildpferde galoppierten über das Gelände, und ein Esel verfolgte sie keuchend. Vielleicht roch er eine Stute, vielleicht glaubte er, ebenfalls ein Pferd zu sein. Die Herde verlangsamte vornehm den Schritt, damit er nicht allein zurückblieb.

Ein paar Gefängniszellen waren dem Nationalpark eingemeindet worden. Die Gärten und die im Wind wogenden Weizenfelder waren verschwunden. Die Mühle, die Bäckerei, die Schule, der Schlachthof waren nur noch Ruinen. Die Kritzeleien der Insassen waren entfernt worden wie eine Schande. Die Pritschen hatte man weggeworfen.

Auf einer von Exkrementen und Fliegen übersäten Allee stiegen wir zu den Häusern der Wärter hinauf. Die Zwangsräumung 1997 hatte schreckliche Spuren hinterlassen. Eingeschlagene Fenster und aufgerissene Matratzen, kaputte Möbel, Taubennester. Postsäcke lagen am Boden, eine tote Katze, Karteikarten, ein Buch mit den Namen abgetretener Minister, Scelba, Spagnoli, Ferrari Aggradi. Eisenbeschläge klimperten im Wind wie die Saiten eines verstimmten Klaviers. Das

Dach war zur Hälfte mit wildem Fenchel bedeckt. Das war nicht einfach ein verlassener, das war ein zerstörter Ort. Die Herren Insassen hatten gegen den Räumungsbefehl revoltiert. Niemand wollte das Paradies verlassen. Asinara bedeutete große Distanz von Rom, wenige Kontrollen, Gratisfisch und Gratiskäse, Schönheit, Freiheit. Manche Wärter dachten im Augenblick der Evakuierung: Wenn wir diesen Ort nicht haben dürfen, dann soll ihn auch kein anderer haben. So wurde die Asinara verwüstet. Vier brachten sich um, Wärter und Insassen. Vielleicht die Rache der Zeit für die Deportation hundert Jahre früher.

Ganz hinten in der Bucht Richtung Westen stand ein weißer Turm. Gemeinsam mit dem restaurierten Palazzo Reale das einzig intakte Gebäude auf der Insel. Das Beinhaus der österreichisch-ungarischen Gefangenen aus dem Ersten Weltkrieg. Fünfzehntausend waren hierher gebracht worden, und die Hälfte von ihnen war an Erschöpfung und Ruhr gestorben. Ein paar stammten aus Trient, ein paar aus Triest, meiner Heimatstadt. Sie sprachen Italienisch, aber das hatte ihnen nichts genützt. Die Mole glänzte: Quarz und im Mistral zitternde Blümchen. Gesättigt von der Stille lichteten wir bei abklingendem Wind den Anker. Wir segelten Richtung Fornelli, und in der Stunde, in der die Calamari gebraten werden, tranken wir ein Glas Wein.

Der Leguan

Aber jetzt ist es an der Zeit, dass ich meine geheimnisvolle Insel beschreibe. Egal, ob man aus dem Süden oder aus dem Norden kommt, man sieht sie der Länge nach, sie sieht aus wie ein Messer mit abgerundeter Spitze, das mit der Klinge nach oben zu liegen gekommen ist. Der Griff zeigt nach Osten und steigt leicht an. Die Mitte zeigt nach Westen, sie ist höher, gekrümmt, und an der höchsten Stelle befindet sich der Leuchtturm, sie fällt steil zum Meer hin ab, wenn sie ein Schiff wäre, wäre das ganz sicher der Bug. Unsere Insel ist zwölfhundert Meter lang und nicht mehr als zweihundert Meter breit, sie wird auf allen Seiten von Klippen geschützt, nur an einer Stelle befindet sich ein Durchgang mit einem Weg, der zu dem einzigen Strand auf der Südseite und einer grünen, mit Heide bedeckten Ebene an der Nordseite führt. Im Osten, hinter dem, was wir als Heck des Schiffes bezeichnen, liegt ein Schweif von kleinen und winzig kleinen Inselchen, die die Insel zu einem kleinen Archipel machen.

Man geht also auf einem Strand an Land, sofern man den von hühnereigroßen Kieselsteinen bedeckten Uferstreifen am unteren Ende einer Felswand als Strand bezeichnen kann. Es gibt keinen Landeplatz und keine Spur einer Mole. Um an Land zu gehen, muss man aus dem Schiff, mit dem man gekommen ist, in ein Beiboot springen, das vom Leuchtturmwärter gesteuert wird, er paddelt einen dann an den Strand. Die Insel eignet sich nicht einmal dazu, den Anker auszuwerfen: Bei Tramontana ist man ziemlich geschützt, aber wenn der Wind auf Schirokko dreht, sollte man lieber schnell verduften, denn es gibt keine Buchten oder Meeresbusen. Wie dem auch sei, einmal da, muss man sich von der Welt verabschieden. Wenn man zu denen gehört, die ständig online sind, sollte man wissen, dass das Handy nur an abgelegenen Stellen und zu ungünstigen Zeiten Verbindung hat. Bekommt man am Strand plötzlich Lust auf einen Aperitif, muss man fünfhundert Stufen bis zum Leuchtturm hinaufsteigen und in der kleinen Kombüse stöbern. Wenn man die Einsiedelei mit den Augen des Landbewohners betrachtet, hat sie nicht viel zu bieten, mit den Augen des Küstenbewohners betrachtet bietet sie jedoch unendlich viel.

Zunächst ist die Insel eine fantastische Kathedrale aus mit senfgelben Flechten überzogenem Dolomitgestein, die Erosion hat Linien und Punkte in den Stein geritzt und gemeißelt, die auf den ersten Blick wie mykenische Inschriften wirken, wie steinzeitliche Zeichnungen von Kriegstänzen oder die Felszeichnungen von Antilopen im Ahaggar-Gebirge. Die Pflanzen stehen in voller Frühlingsblüte und die Stille inmitten dieser Farbexplosion ist so groß, dass der Flug der Käfer wie Donner hallt. Geranien, Ginster, Bärlauch, riesige Kissen aus gelben Blüten: Das alles kennt man nicht, man stellt fest, dass man an solchen Orten weniger etwas lernen, als vielmehr einfach erkennen kann, welch tiefer Abgrund uns von der Natur trennt.

Vom Gipfel aus offenbart sich plötzlich die Muskulatur eines Leguans, und die Insel ist so sehr Reptil, dass ihr Mittelpunkt, eine archäologische Fundstätte, einen Namen trägt, der auf Griechisch „Eidechse" bedeutet. Zum ersten Mal habe ich sie vom Flugzeug aus gesehen. Ich flog aus dem Norden über das Mittelmeer und hielt sie für etwas ganz anderes, für einen Hai mit schiefem Maul und Rückenflosse. Auch die Vogelperspektive ließ erahnen, dass es sich um etwas Wildes, Extremes handelte. Das bestätigen mir jetzt die einzigartigen Pflanzen, die ganz anders sind als die auf den nahen Inseln, und die Gerüche überwältigen einen derart, dass man ein paar Tage lang wie betrunken ist, unfähig, das Gelände zu erkunden. Allenfalls stellt man fest, dass die Seiten des Notizbuchs zu klein sind für die Vielfalt, die einen umgibt, und zu groß für die armseligen Gedanken.

Es wird Abend. Ich trage eine halbe Flasche gekühlten Weißwein und einen Teller mit Sardellen-Bruschette auf das Dach des Schilderhäuschens im Westen des Leuchtturmes, in dem sich die Wetterstation befindet, und genieße das Unglaublichste, was dieser Ort zu bieten hat: die Höhe. Auf hundert Metern hat man einen Ausblick wie Zeus auf das Reich Poseidons. Von hier oben würde das Meer sogar bei Windstärke sieben noch flach erscheinen. Aber mir ist, als würde ich sogar den mit tektonischer Energie geladenen Rücken der Insel zum ersten Mal sehen, sie liegt ja auf einer aktiven Erdbebenlinie. Um acht Uhr beginnt der Lichtkegel des Leuchtturmes zu kreisen. Er ist großartig. Einer der mächtigsten und höchsten zwischen Gibraltar und dem Golf von İskenderun, und gewiss der mächtigste und höchste in einem der Meere, aus denen das Mittelmeer besteht.

Der Abend ist endlich heiter. Der Wind legt sich, die Möwen plustern sich auf, kommen endlich zur Ruhe. Unten am Felsen sitzt ein Kormoran mit ausgebreiteten Flügeln und lässt sich trocknen. Die Sonne geht rasch im Meer unter, als ob sie einen letzten Schrei ausstieße. Ich finde keine Worte, um die Abfolge der Lichtflecke zu beschreiben, die sich einerseits aus dem Osten auf dem Meer nähern, keine Worte, um den Archipel aus kleinen Wellen im Westen, ein frisch gepflügtes Feld, zu bezeichnen. Im Süden, in weiterer Ferne, eine andere Prozession, allerdings eine Schiffsprozession. Im Norden, noch weiter weg, der Schatten einer Insel, die so lang ist wie ein Wal.

Die Archipele

Ein dumpfes Pochen gegen die Küchenfenster bricht das Schweigen der windstillen Nacht. Ich schaue hinaus. Große Heuschrecken zappeln halb betäubt auf dem Fensterbrett inmitten von umherflatternden Nachtfaltern. Die Uhr auf dem Gang zeigt auf acht. Vor zwei Stunden habe ich gesehen, wie ein Schwarm Schwalben eine Wolke rund um den Turm und die Wetterstation gebildet hat. Ich habe zum ersten Mal welche gesehen. Eine halbe Stunde lang haben sie ihre hungrigen Triller ausgestoßen. Dann sind sie im Nichts verschwunden, so wie sie aus dem Nichts gekommen sind.

Ich gehe hinaus. Am Himmel nur wenige Sterne, aber sie scheinen zu glühen. Irgendetwas ist im Gange. Ich nehme eine Taschenlampe und steige in den Turm hinauf. Wenn man verstehen will, was am Himmel los ist, ist der Leuchtturm die beste Warte. Trotz der Angst, geblendet zu werden, setze ich mich unter die rotierende Laterne und warte. Nach zehn Minuten wieder ein Pochen, diesmal aber stärker. Ein Vogel ist gegen das Glas geflogen, ich sehe gerade noch, dass sein schwarzer Körper schlaff zu Boden plumpst. Eine Art Star. Eine Stunde später kommt noch einer geflogen, aber ich kann seine Umrisse nicht erkennen. Gewiss gehört er zu einem Schwarm erschöpfter Zugvögel, die wie Nachtfalter von der Fata Morgana geblendet worden sind. Vögel der Insel können es nicht sein. Sie sind mit dem Licht des Leuchtturmes vertraut.

Angeblich hat man sich früher in den Leuchttürmen von den Vögeln ernährt, die gegen das Glas der Laterne stießen. Am Morgen darauf wurden sie eingesammelt, gerupft und gepökelt, damit man in Notzeiten etwas zu essen hatte. Angeblich war der Leuchtturm so etwas Ähnliches wie eine Nachtleuchte. Der Leuchtturm machte mit den Vögeln das, was der Kienspan auf den Booten mit den Sardellen machte. Aber das hier ist etwas ganz anderes. Ich blicke über das

Geländer des Leuchtturmes und sehe keine Federn oder Tierskelette auf dem Dach des Gebäudes unterhalb des Turms. Vielleicht gelingt es den Tieren, sich von dem Aufprall zu erholen und weiterzufliegen. Vielleicht sind die Vögel heutzutage mehr an das elektrische Licht gewöhnt und lassen sich nicht blenden wie noch vor einem Jahrhundert. Aber die Nacht ist nach wie vor merkwürdig. Es ist, als ob die Insel durchs Meer segelte und die Vögel vor etwas flöhen, vor einer Drohung, die nur sie wahrnehmen. Wie Hunde, die vor einem Erdbeben bellen.

Ich gehe ins Bett und falle in einen brutalen, fast gewalttätigen Schlaf, dann um Mitternacht höre ich, dass heftig an die Tür geklopft wird. Die Stimme des Leuchtturmwärters fordert mich auf, aufs Meer hinauszufahren. Merkwürdig: Ein starker Wind bläst, und ich kann mir nicht vorstellen, wie man in einer derart unruhigen Nacht fischen soll. Aber die Vorstellung eines neuen Abenteuers, noch dazu im Dunkeln, erregt mich, ich ziehe mich schnell an. Als ich die Tür zum Gang öffne, stelle ich fest, dass es im ganzen Leuchtturm kein menschliches Geräusch gibt und dass niemand hinausgeht. In der Küche der Wärter ist es finster, der Kapitän und sein Adjutant schlafen den Schlaf der Gerechten. Was hat mich aufgeweckt? Erst etwas später verstehe ich. Der Schirokko hat angehoben.

Mir fällt ein, dass ich die beiden am Morgen bei seltsamen Tätigkeiten beobachtet habe. Sie haben das Boot viel weiter an Land gezogen, als sie es normalerweise tun, sie haben es so weit wie nur möglich nach oben gehievt, hinter die zweite Schotterböschung. Mehr noch. Sie haben die Netze für den nächsten Tag nicht ausgeworfen, und das war ungewöhnlich an so einem sonnigen Tag, bei ruhigem Meer mit träger Brandung, nach den vielen Ost- und Nordstürmen. Sie hatten geahnt, dass ein anderer Wind kommen würde, der am meisten gefürchtete, der Wind, der Regen und Sturm bringt. Der glühend heiße Südostwind, der mitunter drei bis vier Tage anhält, der den Himmel mit seinem Lamento füllt und in jeden Spalt kriecht. Äolus hat wieder einmal eine Überraschung parat.

Es ist ein Abenteuer, eine Nacht allein mit heftigem Schirokko zu verbringen, und wenn ich heute darüber nachdenke, kam ich mir in dieser Nacht vor, als würde ich nackt vor der Tür des heiligen Petrus stehen mit meiner Last aus alten, kaputten Gelenken und der schwarzen Sünderseele.

Ich schlafe hundertmal ein, und hundertmal träume ich, während sogar der steinerne Zyklop im Sturm zu schwanken scheint. Jenseits der Wolken höre ich das Knirschen unsichtbarer Sternbilder, die wie der Leuchtturm um meinen in Embryostellung zusammengerollten Körper kreisen, ich spüre, wie zentral und gleichzeitig einsam meine Position im All ist, und das treibt mich beinahe in den Wahnsinn. Ich bin zur Gänze der Längen- und Breitengrad, der meine Lage im Nichts bezeichnet.

Hin und wieder stehe ich auf, torkele zur Toilette, um zu pissen oder ein mir unbekanntes Gesicht im Spiegel zu betrachten, dann verbarrikadiere ich mich wieder in den Baumwolllaken wie Arthur Gordon Pym im Bauch des im Sturm hin- und hergeworfenen Schiffes. Beim Tosen der Brecher beginne ich wieder zu träumen, aber es ist ein argwöhnischer Traum, ich bin in Alarmbereitschaft ähnlich einer brütenden Möwe. Ich sehe Labyrinthe, Falltüren, Dachgärten. Die unüberwindlichen Mauern zwischen mir und dem Unbewussten stürzen laut krachend ein, eine nach dem anderen, aber diese neue Welt macht mir Angst, also versuche ich mich nicht allzu sehr in Richtung jener unbekannten Länder treiben zu lassen, die mir als Vorzimmer des Chaos erscheinen.

In dieser Nacht, in der der glühend heiße Wind die Insel belagert, entdecke ich eine neue Dimension. Zum ersten Mal erinnere ich mich in allen Details an meine Träume. Das Aufwachen ist kein sanftes Hinübergleiten, sondern ein Aufschrecken, als würde man vor einem Abgrund zurückweichen; ich stelle fest, dass die Notizen bezüglich meiner Nächte plötzlich einen ungewohnt großen Raum einnehmen, sie übertreffen bei Weitem die Notizen zu meinen Ausflügen untertags. Was für eine Schiffsreise! Die Archipele der Seele sind unendlich geheimnisvoller und komplizierter als die realen. Das Jenseits ist nur einen Schritt entfernt, und ich bin entschlossen, die pelagische Wahrnehmung der Welt bis zur Neige auszukosten.

Draußen riecht es aufgrund des Regens nach Erde, nicht nach Meer. Die Möwen sind in Aufruhr und in der Ferne, in Richtung

Klippen, glaube ich den klagenden Schrei jener Vögel zu hören, die zur Gattung der Albatrosse gehören, auch *Diomedea* genannt, und die man fast nie zu Gesicht bekommt, weil sie sich nie am Boden aufhalten. Unter mir verzweigt sich das Fundament des Gebirges bis in unvorstellbare Tiefen, und unter dem Meeresspiegel erscheint es mir unendlich hoch, „noch keines sah ich ragen in solcher Höh' zum Himmel schier hinauf". So musste das Fegefeuer beschaffen sein, das Odysseus' Schiff niemals erreichte, denn „dreimal im Wirbel mit den Wassern allen kreist's um sich selbst, bis über uns das Meer zusammenschlug".

Ich erinnere mich in allen Einzelheiten an diese Nacht. Ich sang am offenen Fenster, durch das ich auf den Regen blickte, wie man es manchmal in einem Boot macht, um die Angst vor dem Sturm zu besiegen, ich sang so laut, dass meine Stimme ähnlich einem Hurrikan in mir widerhallte. Dann blieb ich wie ein Schiffbrüchiger liegen auf dem Strand der Seele, hingeschleudert vom Sturm der Gedanken, bis sich der Himmel im Osten safrangelb färbte.

Der Anhänger

Der blaue Blitz des Anhängers traf mich um genau fünf nach halb drei. Das weiß ich, weil ich auf die Uhr blickte. Ich war wie immer aus dem schönsten Schlaf aufgewacht und lauschte den Stimmen der Nacht: dem Gezänk der Möwen, dem Plätschern unter den Fenstern. Um zu begreifen, dass die Nacht irgendwie anders war, brauchte ich nicht einmal die Augen zu öffnen. Plötzliche Windstille, starker Heidegeruch. Ich machte mir einen Tee, trank ihn in kleinen Schlucken, und als ich mich wieder ins Bett legen wollte, sah ich aus den Augenwinkeln hinter dem Fensterbrett ein Licht im Leeren. Ich schaute genauer. Die Nacht wurde von Leuchtfeuern erhellt. Riesigen, mit einer Aureole umgebenen, blinkenden Leuchtfeuern. Als ob eine Flotte von Ozeandampfern über das Meer fahren würde. Oder als ob der Zyklop ein Heer von Brüdern aufgeweckt hätte.

Ich reiße das Fenster auf und bleibe mit offenem Mund stehen. Der Himmel im Süden der Insel ist von Sternen übersät, die Wolken sind verschwunden. Aber es sind neuartige Sterne, ich erkenne keinen einzigen. Meine Insel ist ein Raumschiff, das mich in ferne Galaxien bringt. Ich kann gar nicht glauben, dass eine Kleinigkeit genügt haben soll, mich in einen fremden Himmel zu katapultieren: der freie Blick auf den Horizont und ein gar nicht so unterschiedlicher Breitengrad, ganz zu schweigen vom Neumond und dem Fehlen von Luftverschmutzung. Dann denke ich, dass auch die Uhrzeit, die ungewöhnliche Jahreszeit und natürlich auch die außergewöhnliche Meereshöhe damit zu tun haben. Ist es möglich, dass die Summe dieser winzigen Faktoren mich auf eine interplanetarische Reise befördert hat?

Der hellste Stern gehört zu einem noch nie gesehenen Sternbild. Jemand hat ihn an der Spitze eines Anhängers installiert, der von einem Halbkreis, der entfernt aussieht wie ein Ohr, über dem Meereshorizont herabhängt. Ich muss unbedingt herausfinden, was für ein Sternbild das ist. Die Vorstellung, meine Position nicht festlegen zu können, beunruhigt mich, ich fühle mich im Universum verloren. Ich werfe mir eine Decke über die Schultern, gehe die Treppe hinunter und laufe hinaus. Ich keuche vor Aufregung. Vor der Tür, vor meinem Fenster leuchten bekannte Diademe am nördlichen Himmel. Ich erkenne den Großen Wagen fast am Zenit, schräg gegenüber liegt der Polarstern, darunter, gleich über dem Horizont, das auf den Kopf gestellte M der Kassiopeia. Etwas tiefer, auf elf und zwei Uhr, blinken zwei Leuchttürme. Ich halte den Atem an. Von hier aus kann ich die Sterne der Südseite am Himmelshorizont bestimmen. Ich habe eine alte Sternenkarte bei mir, auf der ich mich mithilfe von Uhrzeit und Jahreszeit orientieren kann.

Aber wo soll ich beginnen? Der Himmel ist unendlich weit. Je länger ich ihn betrachte, desto mehr dehnt er sich aus. Ich muss mich beeilen, ich fühle, dass dieser Ausblick ins All einzigartig ist und so schnell nicht wiederkommen wird. Der Himmel kann sich wieder zuziehen, und tatsächlich nähert sich schon ein undurchsichtiger Streifen aus dem Osten. Dann schaue ich genau hin. Auch er leuchtet! Es ist die Milchstraße mit ihrem Sternenweg. Der klare Himmel führt mir vor Augen, dass ich meine Vertrautheit mit der Nacht verloren habe. Ich versuche etwas auf dem Papier festzuhalten, doch es ist mühsam. Ich muss die Taschenlampe anmachen, doch sie blendet mich so sehr, dass ich dann zwanzig bis dreißig Sekunden brauche, bis ich den Zauber der Nacht wieder wahrnehmen kann. Irgendjemand hat mir einmal gesagt, dass es mindestens sechs Stunden dauert, bis sich unser von zu vielen Lichtern geblendetes Auge an die Dunkelheit gewöhnt. Ich erinnere mich, dass ich in Afrika Tage gebraucht habe, bis ich gelernt habe, in der Dunkelheit der Savanne zu gehen.

Ich verzichte auf die Sternenkarte und betrachte wieder die Südseite, die sich je nach Uhrzeit und Jahreszeit stärker verändert, und stelle sofort fest, dass meine langgezogene Insel, die entlang eines Breitenkreises liegt, selbst eine hervorragende Sternenkarte ist. Mehr noch: Der viereckige Leuchtturm, dessen Seiten den Himmelsrichtungen entsprechen, ist ein ausgezeichnetes Observatorium. Der kreisende Lichtstrahl erteilt gewissermaßen der Reihe nach dem Norden, dem

Osten, dem Süden und dem Westen seinen Segen. Ich habe freie Sicht auf den ganzen Himmelshorizont, und darunter blinken Milliarden Sterne. Ich schaue genauer hin: inmitten eines Staubs aus kleineren Lichtern drei Fackeln zwischen dem Großen Bären und dem Anhänger. Eine davon ist gewiss Jupiter, ein Planet mit beständigem gelbem Licht. Die anderen beiden erkenne ich trotz aller Bemühungen kaum. Oben Vega. Weiter unten Arktur. Auch hier am Seehorizont ein paar Lichter, die sich eindeutig auf der Erde befinden. Eines blinkt. Ebenfalls ein Leuchtturm. Der Kontinent!

Unglaublich! Die Nacht zeigt mir das Festland und die Archipele, die der Tag mir vorenthalten hat. Ich sehe Europa, die große Mutter. Den dunklen Schatten ihrer fernen Vorgebirge. Aber wer ist mein blauer Stern? Wie heißt der leuchtende Anhänger? Ich sehe wieder auf meiner Sternenkarte nach, einer Schachtel mit einem Stapel Scheiben aus Karton, auf denen je ein Stück Himmel abgebildet ist, aber die Hinweise sind banal und prosaisch. „Da … ab … deshalb empfiehlt es sich." Nein, das will ich nicht. Ich bin auf der Suche nach einer Erzählung, mir fehlt der Zauberer Merlin, der die Namen laut ausspricht, sie evoziert, um ihr Wesen zu offenbaren, und der auf der Karte des Firmaments mit einem langen, knochigen Finger auf sie zeigt.

Ich habe die Sterne im Alter von zwanzig Jahren kennengelernt, beim Militärdienst. Wenn ich bei winterlich klarem Himmel Nachtdienst in der Pulverkammer hatte, steckte ich mir alle möglichen tröstlichen Dinge in die Uniformtasche, sogar eine kleine Flasche Rum. Und immer, ich wiederhole, immer auch eine wunderbare Hallwag-Sternenkarte. Wenn ich mit meinem Garand-Gewehr auf den Söller stieg, um zu beobachten, wie Dachse und Füchse am Rande des Zaunes vorbeischlichen, machte ich die Stirnlampe an, schlug den Atlas auf und verlor mich in einem Labyrinth arabischer Namen – Deneb, Algenib, Altair –, die nach fernen Ländern, Wüsten und Karawanen dufteten. Die geheime Suche, die mir verschärften Kerker eingetragen hätte, verlieh den Sternen den einzigartigen Geschmack des Verbotenen.

Die Nacht des Diadems ist an ihrem Höhepunkt angelangt, und ich will mich in ihr verlieren. Ich entferne mich vom Leuchtturm und gehe schweigend den stufigen Weg hinunter. Ich brauche keine Taschenlampe, die Sterne reichen, obwohl kein Mond am Himmel steht.

Es ist eine einzigartige Nacht, ein endloses Lichtermeer. Angesichts des Wunders flüstere ich „Sternenlicht“ auf Deutsch, ein unnachahmliches Wort, das verschneite nächtliche Flächen zwischen Birken mit Spuren von Hasen auf den Lichtungen heraufbeschwört. Ich fühle mich wie Aladdin vor der Lampe. Der fremde Himmel evoziert fremdländische Namen, als würde ich eine Litanei beten, und so fallen mir „Asteri“, „Zvijezda“ und „Yildiz“ ein, und diese wiederum projizieren Keilschriften an den Horizont. Die Nacht verzaubert mich.

Ich gelange zu dem Ort, der mir in der Landessprache als Eidechse oder Salamander angegeben worden ist. Ich befinde mich im Mittelpunkt der Insel, er stimmt mit dem Zentrum des Universums überein. Da ist eine Ebene mit den kaum sichtbaren Überresten einer alten, dem heiligen Michael geweihten Kapelle und einer steinzeitlichen Siedlung. Aber der Astronom in mir ist stärker als der Archäologe. Der Ort ist ein hervorragendes Observatorium, ist es immer gewesen. Ich stelle mich mit beiden Beinen fest auf den Boden, als wollte ich einem Schlag standhalten, und sehe dem Anhänger fest in die Augen. Er geht schnell unter, mir ist, als würde er sich kaum merklich bewegen. Und da verstehe ich. Der Anhänger ist kein Anhänger, sondern ein Schwanz, dem Schwanz des Salamanders vergleichbar. Es ist offensichtlich. Ich befinde mich im Angesicht des Skorpions! Die Eidechse hat ihn gerufen.

Ich gehe zum Leuchtturm zurück und finde die Bestätigung in meinem Sternenatlas. Es ist tatsächlich das Tier mit dem giftigen Schwanz. Ich bin glücklich. Ich bin ohne jegliches Handbuch draufgekommen. Die Dunkelheit hat das Gedächtnis angeregt. Aber vielleicht liegt es nicht einmal an der Erinnerung. Ich habe einfach die Straße der Alten beschritten, die diesem Sternbild als Erste einen Namen gegeben haben. Ich segne den Umstand, dass ich hier kein Netz habe. Das hat es mir möglich gemacht, in meinem Inneren zu suchen, in Ali Babas Höhle einzutreten. Das Sternbild versinkt mittlerweile im Meer, und mit ihm der hellste Stern, der – wie ich herausfinde – Antares heißt.

Untertags besichtigt man die Orte, doch nachts versteht – beziehungsweise fühlt – man sie. Das habe ich vor zehn Jahren in Griechenland festgestellt. Ich war allein, ich weiß nicht, aus welcher Laune heraus ich auf den Klippen von Zakynthos gezeltet habe, in der Kirche von Aghios Andreas, die aufgrund eines Erdbebens in den Fünfzigerjahren halb zerstört war. Nur ein verwittertes Holzschild zeigte in ihre Richtung, ich war aber trotzdem auf einem schmalen Pfad zu ihr hinabgestiegen. Ein paar kleine Häuschen mit Ikonen und Kerzen darin säumten die Straße im Sonnenuntergang. Sie trugen die Namen von Heiligen – Elias, Dionysius, Demetrios und Maria –, die mehr schlecht als recht verbargen, welche Götter ihre Vorgänger gewesen waren. Vielleicht fühlte ich mich aufgrund der heidnischen Verlockung zu diesem Ort hingezogen. Die Steine an den Klippen sprachen zu mir.

Es wehte ein leichter Wind, die Sonne mit ihren letzten Strahlen versank in einem „weinfarbenen" homerischen Meer und beleuchtete das Allerheiligste hinter den Überresten der Ikonostase, und ich hatte gedacht, die wunderbare Ruine in absolutem Frieden zu genießen. Ich holte Tomaten, Brot und griechischen Käse aus dem Rucksack, pflückte auf einer windschiefen Mauer ein paar Kapern und nach einem Schluck Retsina wartete ich auf die Stille. Doch die Stille trat nicht ein. Es war eine verdammt belebte Nacht. Grillen, Hundegebell in der Ferne, Esel, Ziegen, Rascheln im Gebüsch. Und dann eine absurde Dichte an geheimen Schutzgöttern, die sich wie Faune zwischen Meerkirschen und Ginsterbüschen versteckten.

Gegen Mitternacht stellte ich fest, dass mich der heilige Basilius schweigend beobachtete. Der Mond war hinter dem Gebirge aufgegangen und beleuchtete durch das löchrige Dach die Heiligen auf dem Fresko. In meinem Schlafsack liegend sah ich, wie eine Prozession aus der Dunkelheit trat und sich dem Ausgang näherte. Eusebius, Timotheus, Johann Chrisostomos und andere gingen im Sternenlicht zum offenen Tor, das auf das riesige schwarze Ionische Meer blickte. Als Letzter kam Basilius, er rollte mit den tiefliegenden Augen. Der Mond brachte die verwitterten Farben zum Leuchten, alle Kirchenväter waren da, furchterregend, in einer Reihe wie die byzantinischen Würdenträger auf dem Mosaik in Sant'Apollinare in Ravenna.

Nie mehr sollte ich so eine Nacht erleben. Bis zum Morgengrauen machte ich hektisch Notizen. Ich schrieb: „Gecko versucht Gottesanbeterin zu nehmen. Gecko wird zurückgeschlagen, stößt einen dumpfen Schrei aus. Vom Mond beleuchtete Ameisenkolonne. Honigfarbener Hund kommt in die Kirche, schnüffelt an mir, dann legt er sich neben mich und lässt sich kraulen." Und weiter: „Wind säuselt zwischen den Steinen wie eine äolische Harfe. Die Heiligen kehren in die Dunkelheit zurück. Mond fällt kerzengerade in das zinkfarbene Ionische Meer. Halbschlaf mit altgriechischen Worten und Litaneien. Anthropos. Ouranos. Erste Hähne auf den Bergen, Knistern der Steine im Morgengrauen." Ich war mir sicher, die alten Steine sprachen. Sie mussten gar nicht seit Jahrhunderten verlassen sein. Ein paar Jahre genügten, um eine Beziehung herzustellen. Es genügte, wenn sich der Wind in ihnen einnistete.

Bald wird es dämmern. Der Skorpion ist seit einer Stunde untergegangen. Ich bin mir sicher, dass auch in mir etwas zurechtgerückt worden ist. Ich esse zwei Toastscheiben mit Honig, dann mache ich noch einmal Teewasser heiß, doch gleich darauf mache ich den Herd aus und beschließe, dass die Nacht ein Glas Weißwein wert ist. Um fünf Uhr morgens proste ich mir mit dem Hauswein zu, einem Malvasier. Um sechs Uhr zieht der Himmel wieder zu und verhüllt die letzten Diademe. Wer weiß, wann ich den Skorpion je wiedersehen werde.

Die Gottesanbeterin

Elf Uhr nachts, schwache Tramontana, unbegrenzte Sicht. Die Leuchttürme auf den anderen Inseln blinken, auf Kollisionskurs mit meinem Raumschiff. Sie wirken so nah, dass ich mithilfe einer entsprechenden Triangulation von Lichtquelle zu Lichtquelle die Karte des Mittelmeeres von Gibraltar bis zum Golf von İskenderun zeichnen könnte. Totale topografische Wahrnehmung, gemeinsam mit einem akuten Gefühl der Vergänglichkeit. Dem Gefühl, wie verletzlich die Laternen sind, die von Sturzwellen, Kriegen und der Gleichgültigkeit der Menschen bedroht werden. Ich rufe sie beim Namen. Lavezzi! Pelagosa! Knidos! Formentera! Kap Spartivento! Ein Windstoß würde genügen, euch zu löschen, euch Damen der Nacht. Euch, Väter und Brüder, die ihr so oft gesucht und angerufen worden seid. Euch, die man immer klopfenden Herzens mitten in der Nacht erreicht.

Der Leuchtturm von Kap Tamelos, am Eingang der Kykladen. Bis in alle Ewigkeiten werde ich mich daran erinnern, wie ich dich zum ersten Mal gesehen habe, auf der Strecke von Piräus nach Paros, bei gleichmäßigem, zehn Knoten starkem Wind und Vollmond. Kaum hatten wir die Felsen von Kap Sunion mit dem Poseidontempel darauf umsegelt – ein schwieriger Wendepunkt auf der Route in Richtung des Archipels –, rief uns sein Licht auf der Südseite der Insel Kea und zeigte uns die Passage zwischen Kea und Kythnos. Der Leuchtturm war klein, aber nicht zu übersehen und äußerst wichtig für alle auf dem Weg nach Südosten. Wir streiften ihn beinahe. Er stand ganz oben auf den Klippen, am Rande eines kahlen, felsigen Hanges. Keine Ahnung, warum man schweigt, wenn man unterhalb eines Leuchtturmes vorbeifährt. Vielleicht spürt man die Anwesenheit der Götter, die ihn bewohnen. Wir schwiegen in dieser Nacht. Und die Götter wirbelten zwischen dem Turm und der blauweißen griechischen Flagge hin und her, die im Wind flatterte.

Jahre später sah ich Kap Tamelos vom Festland aus. Kea ist eine bergige Insel, und von ihrem Kamm aus erblickten wir Euböa und die lang gezogenen und reich gegliederten Landmassen von Andros und Syros. An schönen Tagen reichte die Sicht bis zum Peloponnes, Richtung Epidaurus, und auf der anderen Seite sah man sogar Paros. Auf beiden Seiten der Insel herrschte reger Schiffsverkehr. Auch türkische Fähren auf dem Weg nach Triest kamen vorbei. Ich sah, wie sie in die Meerenge zwischen Andros und Euböa einfuhren, auf Kap Matapan zusteuerten und dann Richtung Ionisches Meer abwendeten. Der Leuchtturm von Tamelos war ein Thron mitten drin, ein strategischer Adlerhorst mit freiem Blick auf drei Viertel des Meereshorizonts.

Es war Oktober, und die Herbstnächte waren so klar wie die Nächte im Gebirge oder in der Wüste. Die Ägäis war ein Sternbild dicht über dem Meer, das sich aus Sternennebeln zusammensetzte. Mithilfe des Himmels wusste man in der Dunkelheit immer, wie spät es war, dazu brauchte man keine Uhr. In dem Dorf Ioulis, wo wir wohnten, brauchte man nur aufzublicken und Orion zu suchen. Der fackelartige Sirius tauchte als Letzter aus der südlichen Hemisphäre auf, gegen vier Uhr morgens, und verkündete das Krähen der ersten Hähne, die ihrerseits die ersten Esel aufweckten. Auf der unwegsamen Insel, die sich schlecht für Autos eignete, gab es noch immer viele. Es war die magische Stunde, in der sich die Topografie der Stimmen über die der Lichter legte. Nur die Katzen waren die ganze Nacht lang wach geblieben.

Meine Lebensgefährtin Irene begleitete mich an diesem Tag zum Leuchtturm, vielmehr Irini: Die Inselbewohner hatten sie augenblicklich umgetauft. Die letzten drei Kilometer gingen wir zu Fuß, ebenfalls schweigend, geblendet von der Sonne des Südens, in einer Wüstenei mit dornigen Büschen. Einzig die Zyklamen gaben der Landschaft ein etwas freundlicheres Aussehen. Hier war der bewohnte Teil der Insel zu Ende. Keine terrassenförmig angelegten, bebauten Felder mehr, keine asphaltierten Straßen. Selbst die kleinen griechischen Kirchen, die sonst überall auf den Ebenen und an Kreuzungen standen, waren verschwunden. Nur Ziegen bewohnten diesen Ort, der nicht zufällig den Namen Petroussa trug. Krumme plutonische Felsen funkelten und ergossen sich in Richtung des vom Meltemi aufgewühlten Meeres. Auf der Südseite verbargen sich hinter dem Berg die großartigen Ruinen von Kartheia, die nur vom Meer aus oder auf dem Festland auf steilen Wegen zu erreichen waren.

Nach einer Kurve, am Ende eines von Asphodillen übersäten Hanges, tauchte der blendend weiß getünchte Leuchtturm auf. Er wirkte kleiner als vom Meer aus gesehen. Er war unbewohnt und es gab kein Tor. Die Laterne war aus, kreiste aber schweigend hinter salzverkrusteten Glasscheiben. Gemeinsam mit der Flagge das einzige Lebenszeichen. Auf der ebenfalls weiß getünchten Terrasse, die aufs Meer blickte, einer Art Absprungrampe für Paragleiter, wurde man trunken vor Wind. Wir sahen sofort, dass die Tür mehr schlecht als recht mit einem Schloss versperrt war und im Wind ächzte. Auf der Seite des Brunnens war ein Fensterglas eingeschlagen. Man brauchte nur die Hand hineinzustecken, den Türknauf zu drehen und hineinzugehen. Der Verfall im Inneren war ein Sinnbild für die Agonie des Staates.

Wir gingen an dem Relikt eines Funkgeräts und einer Schalttafel in einer Vitrine vorbei und stiegen die metallene Wendeltreppe hinauf, die etwas wackelig und von Schutt bedeckt war. Sie war so eng, dass man seitlich gehen musste. Oben war die Laterne, jeder hätte sich ihrer bemächtigen können. Ich war fassungslos. Jede böswillige Person hätte den wichtigsten Leuchtturm zwischen Attika und den Kykladen ausmachen können. Das mechanische Gerät war durch ein elektronisches ersetzt worden. Am Sockel der Laterne lagen zwei Schachteln mit der Aufschrift *Lumax Bulbs,* zwei Schraubenschlüssel, eine verrostete Feile und ein Zollstock. Die Tür, die auf den Treppenabsatz führte, war halb offen und so niedrig, dass man durchkriechen musste. Eine Gottesanbeterin, das einzige Lebendige hier drinnen, bewachte die Türangel. Die Fenster waren schmutzig, waren seit Monaten, wenn nicht seit Jahren, nicht mehr geputzt worden.

Auf dem wackeligen Treppenabsatz aus Eisen und Stein pfiff der Wind durch die Ritzen. Aber die Götter waren noch da. Wie in den Hunderten Kirchen und auf den Hunderten Kapitellen, auf denen Kerzen brannten – Tausende Pünktchen auf der Insel –, war auch diese Laterne der Öffentlichkeit leicht zugänglich. In diesem Augenblick offenbarte sich mir die Verwandtschaft von Leuchttürmen und Kultstätten. Ich murmelte eine Litanei mit Namen von Heiligen, leise wie ein Archimandrit: „Aghios Joannis, Aghios Athanasios, Aghios

Ghiorghios, Aghios Konstantinos, Aghios Symeon, Prophitis Ilias." Und dann: „Aghia Varvana, Aghia Ana, Aghia Irini." Die Kabine der Laterne verstärkte sie. Fehlte nur noch ein Name, Aghios Pharos. Heiliger Leuchtturm.

Mir fiel ein, dass sich die Kirche am Hafeneingang, am anderen Ende der Insel, im Gebäude des Leuchtturmes San Nicola befand. Die Glocke hing gegenüber der Laterne, und die Ankunft der Segelschiffe konnte von beiden begrüßt werden. Auch hier, in dem von Schutt bedeckten Leuchtturm von Tamelos, hatten wir das Gefühl, in einen heiligen Bezirk einzudringen, als würden wir die Ikonostasis betreten, den Raum, den in Griechenland nur der Priester betreten darf. Der Turm nahm uns in Besitz, überall pfiff der Wind, es gab keine Stelle, wo man sich vor ihm hätte schützen können. Wir gingen die Treppe hinunter, schlossen das kaputte Fenster und gingen schweigend davon, wie wir gekommen waren.

An alle Segler, die ihr auf den Meeresstraßen gegen den Wind segelt: Wenn ihr Griechenland je geliebt habt, wenn ihr jemals einen Schluck Retsina in einer kleinen Hafenstadt mit einer einzigen Taverne getrunken habt, wenn ihr euch jemals die (tausendundein) griechischen Worte eures jeweiligen Vokabulars auf der Zunge habt zergehen lassen, wenn ihr jemals das Wort „Pelagos" ausgesprochen habt, wenn ihr euch jemals am Anblick eines Leuchtturms erfreut habt und wenn ihr ein paar Ersparnisse habt – schenkt der Insel Kea eine kleine Summe, damit sie dem edlen Gerät seine Würde zurückgeben kann. Nicht, um es euch zu kaufen, sondern aus Dankbarkeit. Dieser Leuchtturm, Symbol aller Leuchttürme.

Wie viele Erinnerungen in dieser Nacht auf der einsamen Insel. Die verlassenen Leuchttürme riefen mich. Aufgelassene, geschlossene, unbewohnte, automatisierte Leuchttürme, die jedoch alle eine Seele besaßen. Die an der Küste des Ionischen Meeres vor allem. Italienische Leuchttürme. Den ersten habe ich auf Kap Colonna gesehen, auf den Spuren Hannibals. Hier, im Süden von Crotone, auf Klippen, die sich dem Ostwind und dem Sonnenaufgang darboten, gab es nur einen Heratempel und das Phantasma einer Bronzestele, die von den Römern zerstört worden war. Der Held aus Karthago hatte darauf seine Heldentaten eingeritzt, bevor er Italien verließ. In Kap Colonna befand sich einer der schönsten Leuchttürme Italiens, an diesem Tag wirkte er so kompakt wie eine Schildkröte, er klammerte sich an einen Steilhang über den von Brechern gepeitschten Klippen.

Ich klingelte, keine Antwort. Auf einem Schild am Stacheldrahtzaun stand: BETRETEN VERBOTEN, MILITÄRISCHES SPERRGEBIET. Ich ging in die Bar nebenan, und der Typ an der Theke inspirierte mich. Er hatte blaue Augen und sonnenverbrannte Haut. Er legte griechische Musik auf. Wortlos servierte er mir ein Brot mit scharfer Wurst und ein Bier. Ich erkundigte mich nach dem Leuchtturm. Er murmelte, es gebe nur noch wenige, die Domänenverwaltung würde sie am liebsten alle auf der Stelle verkaufen, um Geld zu verdienen. Ich fragte ihn, ob es in der Nähe noch mehrere aufgelassene gebe, und er sagte ja. Im Nordwesten stünde einer, ebenfalls an der Ionischen Küste, aber er erinnerte sich nicht an seinen Namen.

Ich kam zurück, nachdem ich ein Buch von Enrica Simonetti gelesen hatte, einer Kollegin aus Bari, die faszinierende Geschichten über die Leuchttürme an der italienischen Küste zu erzählen weiß und ein paar großartige Exemplare zwischen Apulien und Kalabrien entdeckt hatte. Enrica hatte mir von der unberührten Insel Sant'Andrea vor Gallipoli erzählt, auf der sich ein Leuchtturm befand, der schon damals nicht mehr bewacht wurde. Sie hatte mir von dem auf Punta Alice, auf einem sandigen Vorgebirge etwas nördlich von Crotone, erzählt, der zwar in Betrieb, aber nicht bewohnt war. Dann hatte sie gesagt: „Kap Trionto", der Name gefiel mir augenblicklich. Er klang wie der eines Faunes. Er klang nach antikem Griechenland. Der Leuchtturm war eindeutig aufgelassen, er blinkte nicht mehr und suchte womöglich einen Käufer. Enrica sagte, eine einzige Person könne mir vor Ort Genaueres berichten. Und zwar Francesco Séstito, ein Leuchtturmwärter, der Sohn eines Leuchtturmwärters und Vater eines Leuchtturmwärters war. Das lebende Gedächtnis des Ionischen Meeres.

Trionto … Trionto … der Name sagte mir etwas. Ich hatte ihn schon einmal vor langer Zeit gehört. Dann plötzlich erinnerte ich mich: Pino, mein Klassenkamerad im Gymnasium, Segler und Sohn der wilden Insel Asinara, war vor vielen Jahren dort gewesen. Ich rief ihn an und er bestätigte es mir. Er hatte einen ganzen Sommer dort verbracht, als Gast des Leuchtturmwärters, einem Onkel seiner Ex-Frau.

Er beschrieb ihn mir als „zarten, weißen Turm, der allein und einsam im Schilf stand", zu seinen Füßen befänden sich das Haus des Wärters, ein Geräteschuppen und ein Backofen. Es gebe kein Fernsehen, die Abende verbringe man mit Geschichtenerzählen. „Ich hatte immer den Traum, als Leuchtturmwärter zu arbeiten. Aber der Beruf ist im Aussterben begriffen. Die Leuchtturmwärter gehen in Pension und werden nicht ersetzt."

Ich fand die Telefonnummer von Francesco Séstito. „Kap Trionto? Es gibt schönere", sagte er. „Um den kümmert sich seit zwanzig Jahren niemand, der stürzt bald ein und begräbt einen unter sich." Genau das suchte ich, eine vornehme Ruine. Aber das sagte ich ihm nicht. „Fahren Sie lieber nach Kap Rizzuto, wo ich zur Welt gekommen bin", sagte Séstito hartnäckig. „Besuchen Sie den in Kap Colonna, wo mein Sohn jetzt arbeitet. Er ist ein Schmuckstück. Auch der in Punta Alice ist wunderschön. Ich habe jahrelang an diesen und auch an anderen Orten gearbeitet. Es gibt durchaus schöne Leuchttürme, glauben Sie mir, ich kenne jeden Meter der Küste." Kurz und gut, der in Trionto war der unterste in seiner Hierarchie, aber ich wollte unbedingt hin. Ich machte ein Treffen mit ihm in einer Bar in Crotone aus.

Zu Beginn sagte er: Das Leben eines Leuchtturmwärters sei sehr hart. „Der Winter ist unendlich lang. Wind, Regen, Strömungen. Früher war es sogar noch schlimmer. Keine Handys, man war buchstäblich isoliert. Nachts lag man wach und um sechs Uhr abends ging man ins Bett." Er führte aus: „Kap Colonna erreichte man nur im Ruderboot, denn es gab keine Straße, und bei Regen wurde die tonhaltige Erde glitschig wie Seife, und der Esel rutschte aus. Man musste Essensproviant mitnehmen, Mehl und Gemüse. Und den Brunnen füllen." Und weiter: „Mein armer Vater, er musste den Zündhebel betätigen. Und meine Mutter, die ihn begleitete, musste den Dekompressor in Betrieb nehmen." Aber nachdem er die vielen Qualen aufgezählt hatte, kam er zu einer unerwarteten Schlussfolgerung: „Der Leuchtturmwärter ist ein König", grinste er beinahe triumphierend, „er arbeitet, wann und wie er will. Keiner sagt zu dir: Los, steh auf, beweg dich … du bist frei!" Und er erinnerte sich an wundersame Fischzüge in vergangenen Zeiten.

Auf dem Weg nach Trionto besuchte ich Punta Alice, einen Ort, wo mein Freund Mallardi vor vierzig Jahren Unterwasserjagd betrieben hatte, ihm zufolge gab es damals mehr Zackenbarsche als Seeigel. Das Gelände war flach, windig und von Schilf bedeckt. Die Regenrinnen des Leuchtturmes, der mittendrin stand, hingen herab, überall wucherte Unkraut. Aus einer Entfernung von ungefähr dreißig Kilometern präsentierte sich Kap Trionto ganz anders, als mein Freund Pino es beschrieben hatte. Der Leuchtturm stand nicht mehr allein und einsam da. Rund um ihn hatte man halb illegale Häuser errichtet, Wohnwagen standen da und streunende Hunde liefen herum. Am Strand spielten Romakinder. Das Haus des Leuchtturmwärters, ein faschistischer Bau in pompejanischem Rot, war völlig verfallen. Der Turm war von zwei Meter hohem Gestrüpp umgeben, um zum Tor zu gelangen, hätte man eine Machete gebraucht. Ich ging trotzdem hin.

Der Leuchtturm war einzigartig. Er war nicht einfach zylindrisch. Unten war er kugelförmig, auf zwei Drittel der Höhe verengte er sich, um sich dann wieder kugelförmig zu weiten wie eine bauchige Weinflasche; er war jedoch schlank, schmal, er ähnelte dem Stiel einer Lilie. So schlank, dass ich mir gar nicht vorstellen konnte, dass sich in seinem Inneren eine Eisentreppe befand, auf der man nach oben gelangte. Dennoch hielt er seit mehr als einem halben Jahrhundert stand, einsam gegen den bösartigen Levante und die Brecher der stürmischen kalabrischen Küste, nicht weit vom Pollino-Massiv entfernt. Trionto mit seinem dionysischen Namen war der abgelegenste aller aufgelassenen italienischen Leuchttürme.

Keine Wendeltreppe, sondern vier sehr steile Rampen aus Gusseisen führten nach oben. Die Fenster dort waren noch intakt, salzverkrustet. Es war Juni, die Sonne war hinter dem Pollino-Massiv untergegangen, das Meer schimmerte bernsteinfarben – wie nur das Mittelmeer funkeln kann. Ein Fischerboot schaukelte im Wasser, aufgehoben in einer windstillen Blase. Dann verdunkelte ein Grillenschwarm den Leuchtturm. Trionto: Bei meiner Abreise staunte ich über mich selbst, ich sprach mit ihm. „Warum leuchtest du nicht, mein Alter?“ Aber er sagte: „Hau ab“ und sah mich scheel an, mit seiner einzigen leeren Augenhöhle, wie Polyphem.

Die Glühbirne

Eine 12-Watt-Glühbirne so groß wie ein Nagel. Nicht mehr und nicht weniger befindet sich im Auge des Zyklopen, einem der mächtigsten Leuchttürme des Mittelmeeres, einem Gerät, das imstande ist, die Nacht in einem Umkreis von siebzig Meilen zu durchdringen, einer Entfernung, die jener zwischen Afrika und Mazara del Vallo entspricht; eine winzige Glühbirne ist Ursprung eines Lichtstrahls, der sogar von den Satelliten gesehen würde, wenn der Turm ihn gerade nach oben richtete, so wie wir in sternklaren Nächten das blinkende Licht der Satelliten mit bloßem Auge erkennen. Keine Ahnung, warum ich unbedingt ins Innere der konzentrischen Ringe des optischen Apparats schauen wollte. Heute Morgen habe ich die Nase reingesteckt und – staunend – einen Stecknadelkopf entdeckt, 12 Watt für sechzig Volt, wie ein armseliges Autolämpchen. Von hier aus begann die Reise in die Welt der Leuchttürme von Neuem: bei der Entdeckung, dass die Kraft des Leuchtturmes nicht von einer Kernschmelze stammt, die unendliche Energie freisetzt, nicht von einem Kern wie in einem Atomkraftwerk, sondern vom Zusammenspiel einiger Linsen, die imstande sind, die Kraft der Laterne zu vervielfachen.

Auf meiner einsamen Insel habe ich die Fresnel-Linse – benannt nach dem Erfinder des international gebräuchlichen Geräts – besichtigt: Ein ungefähr ein Meter langer Ring aus Spiegeln, der einer Artischocke oder einer Ananas gleicht, umgibt die Glühlampe; aufgrund eines mir unverständlichen Mechanismus von Reflexen und Brechungen wird das gestreute Licht unendlich verstärkt und durch eine Kristalllinse, auch „Bullauge" genannt, gebündelt. Und da die Linse auch das Blinken des Lichtstrahls einkalkulieren muss, die Dauer des Blinkens und die der Rotationsgeschwindigkeit entsprechenden Dunkelphasen (seit zwei Jahrhunderten ist für jeden Leuchtturm auf der Welt ein eigener Rhythmus festgelegt), besitzt natürlich jeder Leuchtturm eine maßgeschneiderte Fresnel-Linse. Um dieses millimetergroße Meisterwerk zu betrachten, muss man sich beinahe flach auf den Boden legen, wie vor einer Gottheit oder einem Rätsel. Oder der Pupille der Sphinx.

In diesem wundersamen Gerät verbirgt sich eine ganze Welt. Wenn die Insel der Mittelpunkt des Meeres ist – unsere Insel ist es – und sich der Leuchtturm im Mittelpunkt der Insel befindet, dann ist der Leuchtturm der euklidische Mittelpunkt des Meeres. Aber da im Zentrum eines Leuchtturmes nichts anderes ist als die Lampe, kann man daraus schließen, dass diese Lichtquelle, die kaum größer als ein Zahnstocher ist, auch in geometrischer Hinsicht auf alle Fälle das Zentrum unseres Wasserreichs ist. Und wenn wir uns vor Augen führen, dass der Mittelmeerraum im Zentrum der Länder liegt, aus denen Europa, Afrika und Asien bestehen, können wir daraus folgern, dass dieser Draht, der nicht länger ist als der Bruchteil eines Millimeters, zu Recht als Zentrum dreier Kontinente bezeichnet werden kann, die Tausende Quadratkilometer groß sind. Solche Gedanken kommen einem, wenn man nachts ein paar Stunden da oben verbringt, der Wind die Fenster aus den Angeln hebt und man eine Linse betrachtet, die einen fasziniert wie die Iris einer Katze im Dunkeln. Man tritt über eine Schwelle, man nimmt Kontakt mit einer „anderen“ Welt auf. Ich glaube, es gibt kaum stärkere Symbole als eine Kerze, die im Dunkeln brennt und einem den Weg weist. Der Leuchtturmwärter ist nicht nur ein König, er ist auch ein Hohepriester. Er ist der Geist aus Aladdins Wunderlampe, mehr noch, denn in seinem Fall treibt das Feuer im gegensätzlichen Element, dem Wasser, und wie im Tempel der Vestalinnen darf es auf keinen Fall ausgehen.

Wenn der Ring mit der Lampe und der Linse sich zu bewegen beginnt (manche kreisen vierundzwanzig Stunden am Tag, manche nur von Sonnenuntergang bis Sonnenaufgang), ist man wie hypnotisiert, man glaubt, der Turm selbst kreise und nicht das Licht. Als ich als Kind in Triest den Faro della Vittoria besichtigte – einen riesigen, über sechzig Meter hohen Turm, der gebaut wurde, um den Anschluss Triests an das italienische Königreich zu feiern – und der Ring auf seinem reibungsfreien Quecksilberbad mit einem einfachen Druck eines Zeigefingers in Gang gesetzt wurde, war mir, als ob die Welt sich um die Fenster und das Geländer drehte. Ich erinnere mich, dass die Straßen, die Berge, die Eisenbahn, die Menschen, die so klein wie Ameisen waren, und sogar das von der Bora gepflügte Meer um mich herumwirbelten, ich musste mich an der Hose des Leuchtturmwärters festhalten.

„Die Begegnung mit einem Leuchtturm ohne GPS", erklärte mir eines Tages der Schriftsteller und Segler Dominique Le Brun, „hat etwas Wundersames. Man sucht ihn, man ruft ihn, man weiß, dass er einen erwartet, dann sieht man einen Schein, und erst nach einigen Minuten sieht man den Lichtpunkt mit seiner genauen Blinkfrequenz. Die Farbe sieht man erst später, wenn man näher dran ist, und dann jubelt man und sagt sich: Ich habe dich gefunden! Es ist eine Art Komplizenschaft, eine tiefe Freundschaft. Das GPS heutzutage hat *tout cassé,* hat alles kaputt gemacht, hat unsere Wahrnehmung der Natur völlig verfälscht, hat das Bewusstsein, das sich in Jahrhunderten der Seefahrt herausgebildet hat, völlig verkümmern lassen. Im Grunde ist das Meer mittlerweile von Idioten bevölkert."

Wenn ich mir in Triest Geschichten von Stürmen und Schiffen anhören möchte, gehe ich zum Skipper Point, einer windgepeitschten Bar an der Riviera di Barcola, und höre dem Kapitän Sandro Chersi zu, der in seinem Leben wahrscheinlich keine einzige Zeile geschrieben hat, aber ein geborener Erzähler ist. Aufgrund einer Erkrankung der Stimmbänder ist seine Stimme ganz leise, er krächzt wie eine alte Langspielplatte, aber genau das hat ihn gezwungen, das Sprechen auf das Wesentliche zu beschränken, als wären seine Worte ein griechischer Hexameter oder ein von Wind und Wetter geschliffener Stein. Wenn ich mit ihm zur See fahre, höre ich unglaublicherweise nur seine geflüsterten Kommandos, sie übertönen die viel lautere Stimme des Windes und der Wellen. Mit ihm ein Glas Malvasier zu trinken, ist wie das Vorspiel zu tausend und einem Wunder, ein Genuss für die Seele; und da Schriftsteller nichts anderes tun, als die Geschichten zu klauen, die andere erzählen, suche ich oft seine Gesellschaft, um geschickt etwas mitgehen zu lassen. Er weiß das sehr gut und er hat nichts dagegen. Ich glaube sogar, dass er mich halbwegs gern hat. Aber jetzt ist es an der Zeit, Cäsar zu geben, was Cäsar gebührt.

Einmal erzählte er mir, wie er zum ersten Mal den Leuchtturm auf der Insel Pelagosa gesehen hat, einen Leuchtturm in der Adria, der bei der Rimini-Korfu-Regatta nicht zu übersehen ist. „Du stehst mit erhobenem Kopf am Steuer und schweigst … Dieser Ort gibt dir zu verstehen, dass hinter dem Lämpchen deines Lebens das unermessliche Nichts liegt … Dieser steile Abhang ist das Symbol des Mysteriums, du stehst vor etwas, angesichts dessen das Elend der Menschen lächerlich ist … Und nachts, bei Windstille und Sternenlicht, hörst du die Generationen, die vor dir hier vorbeigezogen sind …" Das sagte er und danach stimmte er eines seiner üblichen Klagelieder über die moderne Technik an, dank der die Leuchttürme durch GPS ersetzt worden waren, und über die Automatisierung, die auch die Leuchtturmwärter überflüssig gemacht hatte. Der Leuchtturm von Pelagosa war, wie er wusste, einer der wenigen noch bewohnten und von Menschen verwalteten. Zweifellos von richtigen Männern.

An einem Abend in Triest im Yacht Club Barcolana, bei Spritzwein und Chips, in Gesellschaft des zweifachen Weltmeisters Daniele Degrassi, hörte ich, wie die beiden Seebären die schönsten Leuchttürme der Welt beschrieben. Kap Finisterre, den König der Stürme in Galizien. Kap Leeuwin in Australien, steil über zinkfarbenen Wellen unter einer blendenden Sonne. Und dann natürlich der Fastnet Rock – ja natürlich, der Fastnet in Irland! –, der Wendepunkt bei einer der verrücktesten Regatten auf der ganzen Welt, „der schönste in Bezug auf Form und Proportionen", wo plötzlich nicht die Konkurrenten, sondern „Dutzende und nochmals Dutzende kleine Boote aus dem Nebel kamen, mit irischen Familien darauf, in einem beinahe stürmischen Meer". Und dann, warum nicht, „unsere" adriatischen Leuchttürme, und unter „unser" verstanden die beiden Seeleute natürlich die unzerstörbaren Bastionen, die die untergegangene österreichisch-ungarische Monarchie von Triest abwärts an der östlichen Adriaküste errichtet hatte.

Die Sonne ging unter, das Meer war weinfarben wie in Homers Geschichten und ich hörte folgende Sätze: Um Leuchttürme muss man sich kümmern, man muss sie suchen, sie sind wie enge Verwandte, wie Mutter und Vater … aber mit der Satellitennavigation heutzutage ist es mit dem Zauber vorbei … man kann auf die Sekunde genau berechnen, wann man sie sieht … und außerdem ist es egal, ob sie blinken oder nicht. Und Ähnliches. „Weißt du, welcher Leuchtturm mich in meinem Leben am meisten enttäuscht hat?“, fragte mich Sandro ganz direkt. Natürlich hatte ich keine Ahnung. „Puerto Rico, denn er war der Erste, den ich mithilfe des Satellitennavigationssystems gesehen habe.“ Der riesige Faro della Vittoria über uns, mit dem großen Engel mit ausgebreiteten Flügeln ganz oben, schien zu nicken und schickte seine ersten Strahlen in den Abend.

Kapitän Sandro ließ keinen Zweifel daran, was er über die Zeitläufte dachte. Nach der Seeschlacht von Lissa 1866, bei der die Österreicher mit einer adriatischen Besatzung einen Sieg über die Italiener errungen hatten, deren Matrosen hauptsächlich von der tyrrhenischen Küste kamen, hatte jemand den Witz gemacht, dass „Männer aus Eisen auf Holzbooten hölzerne Männer auf Panzerbooten“ besiegt hatten. Das sollte heißen, dass die modernere italienische Flotte von wilden Matrosen alten Schlags vernichtet worden war. An diesem Abend beendete Chersi das Lamento über den Niedergang, indem er im Dialekt und mit einem Leuchten in den Augen sagte: „Heute hingegen haben wir Männer aus Scheiße auf Booten aus Plastik.“

Ich kann ihm nicht Unrecht geben. Nicht zuletzt bin ich auch deshalb auf die einsame Insel geflohen, um Zwiesprache mit dem Meer zu halten, ohne eine Horde von Schnöseln zwischen mir und ihm zu haben.

Wale

Es gibt unsichtbare Leuchttürme. Versunkene Leuchttürme, die man sucht und niemals findet. An Orten wie Point Hope im äußersten Norden Alaskas gibt es keinen Unterschied mehr zwischen Meer und Land. Wenn man es recht bedenkt, scheint es unmöglich, dass sich an so einem Ort ein Leuchtturm ähnlich einem Purgatorium über dem unberührten Wasser erhebt, aber es ist so. In Point Hope ist das Festland trostlos flach und glatt, die Krallen der verschwundenen Gletscher haben tiefe Kratzer hinterlassen, Hunderte Kilometer lange, unentzifferbare Streifen, die, wenn Schnee sie füllt, weiße Spinnweben bilden. Kometenbahnen, als ob sich uralte Spuren von Sternen in die Erde eingegraben hätten. Wie soll man sich als Bewohner des von Bergen umgegebenen Mittelmeeres ein Festland vorstellen, das reine Luftspiegelung ist und nicht mehr Konsistenz hat als der Schatten einer Wolke auf dem Meer? Vom Flugzeug aus gesehen und im Gegenlicht scheinen die Inseln in Richtung der Nordwestpassage schillernde Benzinflecken auf einer durchsichtigen zinkartigen Oberfläche zu sein, die hier und dort vom Wind gekräuselt wird. Der Blick findet nichts, woran er sich festhalten könnte, weder Vorgebirge noch Klippen wie in der Bretagne, Irland oder Skandinavien. Das Land ist ein Haufen farbloser Stofffetzen, eingeweicht in Bleiche.

Ich war vor einigen Jahren mit einer Turbopropmaschine hierhergeflogen, in einem Zwischenraum zwischen zwei Nebelschichten, der leuchtende Schatten der Maschine war auf der Watteschicht darunter gut zu sehen. Neun Passagiere auf einem Flug von tausenddreihundert Kilometern, vergleichbar mit der Strecke Mailand-Tunis. Unten kein Dorf, kein Berg, keine Straße. An Bord hatte ich Bekanntschaft mit den ersten Eingeborenen gemacht, einer Mischung aus Chinesen und Indianern. Eine junge Frau stillte ihr Baby auf dem Sitz neben mir, sie sprach so leise, dass ich mich auf beinahe unanständige Weise zu ihr beugen musste, um sie zu verstehen. Mit den Inuit muss man leise sprechen, sonst erschrecken sie sich. Am Zielflughafen waren Ankunft- und Abflughalle in einem einzigen überheizten, zwanzig mal zwanzig Meter großen Raum untergebracht, es wimmelte vor unfreundlichen, salopp gekleideten, überdurchschnittlich großen Menschen: Jäger, Fischer, Walfänger, Abenteuerreisende. Stiernacken, manchmal breiter als die Köpfe, die auf ihnen saßen. Aus dem Laderaum des Flugzeugs, das halb Lasten-, halb Passagierflugzeug war, wanderten Tonnen von frischem Gemüse für die auslaufenden Eisbrecher auf das Förderband.

Kaum war ich in Barrow angekommen, einem Inuitdorf mit dreitausend Einwohnern, sagten die Gäste des Brower's Café zu mir: Fahr zum Point Hope hinaus, dort gibt es einen alten Leuchtturm. Das Café war das nördlichste von ganz Amerika, durch die Fenster sah man riesige Walrippen auf dem schwarzen Kies des Strandes. Nach einem Bier zögerte ich nicht länger, zog meine Jacke an und machte mich im Nebel zuversichtlich auf den Weg ins Nichts. Es war Ende September, und ich wusste nicht viel über dieses Nichts. Die Arktis kann noch extremer wirken als die Sahara, vor allem im September, wenn Licht und Farben ersterben und das Wetter augenblicklich umschlägt. In Barrow ist es durchaus möglich, dass man an einem nebeligen, regnerischen Abend einschläft und am Morgen darauf das Thermometer auf minus zwanzig Grad zeigt und das Meer innerhalb von zehn Minuten zu Packeis gefriert. Die Leute wissen das und gehen nicht ohne warme Reservekleider aus dem Haus, dicke Fäustlinge, Fellmützen. „Artic is a wild place", die Arktis ist ein wilder Ort, mahnen sie. Und man fragt sich, wie es bei minus fünfzig sein wird.

Zuerst fuhr ich mit dem Auto, dann ging ich zu Fuß, ich folgte der schmutzig weißen Linie einer Düne. Ich hatte ein schmales Buch über Leuchttürme in Alaska gelesen und ihre legendären Namen hatten mich eingenommen. Point Sherman, Lincoln Rock, Sentinel Island, Cape Decision. Sachen für harte Männer. Ich fand nur eine Ruine, vielleicht war es nicht einmal die Ruine des Leuchtturmes. „No lighthouse around me", flüsterte ich und ging weiter, bis vor mir nur mehr die Arktis lag, ein graublauer Raum mit opalen Reflexen und darüber weiße Dunstschleier, die vom Wind so regelmäßig verteilt wurden, dass ich die Nase eines Walrosses in einer Entfernung von einer Meile hätte auftauchen sehen. Erst jetzt beschloss ich umzudrehen.

Zum Abendessen war ich wieder in Barrow, bei heftigem Wind, tief hängenden Wolken, die über der Tundra dahinzogen, und einem eiskalten Regen, der die Wangen wie mit Nadeln stach. Ich erfuhr, dass der Ort ursprünglich „Nuvuk" geheißen hatte. Die Eskimos jagen hier seit Generationen Wale. In der Nähe des Flughafens beleuchtete der seitliche Lichteinfall einen Archipel von weit auseinanderliegenden kleinen Häusern innerhalb eines Vierecks von Straßen mit Frostschäden und mit von rotem Gras zugewachsenen Tümpeln. Die Parabolantennen zeigten alle zu Boden – ein sichtbares Indiz des Breitengrades. Und dann dieser unheimliche, anthrazitfarbene, von Walknochen übersäte Strand und außerdem der weite, zum Pol hin offene Raum, achtzehnhundert Kilometer Packeis und offenes Meer. Aber das Unheimlichste war wahrscheinlich die menschenleere Straße. Niemand ging hier zu Fuß.

Im Brower's Café kam man mir mit heißem Grog zu Hilfe, man flüsterte, ich hätte zu viel Literatur im Kopf. Verdammt, der Leuchtturm war seit Jahren aufgelassen. Der Frost und die Gezeiten hatten ihn zerstört. Sie hatten gedacht, ich wüsste, dass in Point Hope nur die Legende zu Hause ist. Im hohen Norden gab es nur noch wenige Leuchttürme und fast alle befanden sich an der Pazifikküste. Zum Großteil waren sie eingestürzt, aufgelassen, verkauft oder vermietet. Im Norden gab es keinen mehr, nur Ruinen, man navigierte mittlerweile mit GPS. Nicht einmal der legendäre Leuchtturm auf der Halbinsel Seward an der Beringstraße, der auf immer und ewig auf der Schnauze des sowjetischen Bären im Namen der Demokratie hätte leuchten sollen, hatte der Modernisierung standgehalten. Er war 1904 gebaut, 1946 von einem Tsunami zerstört, 1959 wiederaufgebaut, 1979 aufgelassen und 1999 abgetragen worden. Ein Meteor, sein Leben hatte nicht einmal ein Jahrhundert lang gedauert. Keine Leuchttürme in der Arktis. Und als ich fragte, warum, brachen sie in lautes Gelächter aus: „Oh my god", wozu braucht man Licht in einem Meer, wo die Sonne während der ganzen Saison nicht untergeht? Wie konnte ich das nicht verstehen? Point Hope Light war bloß ein Symbol, eine Flagge gewesen. Ich befand mich im Land der verlorenen Leuchttürme.

Irgendwann fragte mich ein Typ von der Wetterstation unfreundlich, wo denn meine Gefährten seien. Ich antwortete, ich sei allein unterwegs und allein nach Point Hope gegangen. „You are crazy", sagten die Gäste der Bar im Chor und hörten auf zu lachen. Niemand, erklärten sie mir, liefe hier allein zu Fuß herum, denn überall lauerten Eisbären. Mittlerweile, wo das Packeis schmolz, suchten sie auf dem Festland zu fressen, fielen, angezogen vom Essensgeruch, in die Dörfer ein. Sie sagten: Hör gut zu, Italiener, die halten keinen Winterschlaf, das sind wandelnde Schränke, die nur darauf warten, einen Menschen zu fressen. Keine vernünftige Mutter würde hier ihr Kind zur Schule gehen lassen, ohne davor den Bärenbericht im Radio gehört zu haben. Den Bärenbericht? Sicher: Da, lies. „Bär in der Gegend des *grocery store* in der Nähe des Flughafens gesichtet …" „Achtung. Westlich der City Hall in der Gegend der Sümpfe gefährliches ausgewachsenes Tier gesichtet …" „Walkarkasse nordöstlich von Browerville angeschwemmt, ein Rudel von sieben Bären frisst sie, Sicherheitsabstand einhalten …" Aber niemand traut mehr dem Radio: Die Inuit und die Weißen fahren mit starken Motorrädern herum, und immer mit einem Gewehr. Und nicht mit irgendeinem Gewehr. Um einen Eisbären aufzuhalten, braucht man eine Kanone mit explosiver Munition. Man muss ihnen ein Loch in den Bauch schießen, sonst lassen sie nicht von einem ab.

Ich ging hinaus, um in mein B&B zurückzugehen, und sah ein Schild am Ausgang des Lokals. Was tun, wenn man einem Bär begegnet? Erstens, sei immer auf der Hut. Zweitens, halte dich von Essensresten fern. Drittens, habe immer ein Gewehr dabei. Viertens, stell dich niemals zwischen eine Bärenmutter und ihre Jungen. Fünftens, lauf nicht davon, wenn er sich nähert, und versuch größer zu wirken, indem du deine Jacke über dem Kopf schwenkst. Signiert vom Bärenmeldedienst, Tel. Nr. 907.852611. Auf der Straße war ich wieder allein. Ich hörte nur das Knirschen meiner Schuhe auf dem Kies. Das weiße Gespenst hatte schon von mir Besitz ergriffen. Bei jeder Straßenecke fürchtete ich, es könnte vor mir stehen, ich suchte instinktiv, „just in case", eine Stelle, wo ich hätte hinaufklettern können, aber natürlich gab es keine, denn im hohen Norden gibt es keine Bäume und die Häuser sind Bungalows. Was für ein Ort. Ganz anders als New Bedford und Nantucket. Haufenweise Walrückenwirbel neben Reifen,

Ölfässern und vom Frost deformierten Holzschlitten; Rammen, schwer wie Blei, neben Jeeps mit platten Reifen; riesige Walkiefer und -rippen, so groß wie zwei erwachsene Männer, lagen im Freien zwischen verrosteten Auspuffrohren und Resten von Motorschlitten. Riesige Skelette von Schwanzflossen verstaubten in den Höfen zwischen Moschusratten und Lemmingen, die wie der Blitz zwischen meinen Beinen durchsausten.

Ich hatte Angst, eine Riesenangst. Und dazwischen immer wieder Karibuschädel, die man im Wind und im Regen abhängen ließ, sie lugten aus leeren Augenhöhlen zwischen den Rippen nicht mehr verwendeter Boote hervor; und dann noch übereinander gestapelte Wolfsfelle, Fleisch, das zum Trocknen auf Haken oben auf den Häusern hing, neben den Parabolantennen. Neben den Türen frisch abgeschabte Schienbeinknochen von wer weiß welchen Tieren. Überall ein überwältigender Geruch von Metzgerei und Verwesung, erträglich nur aufgrund der niedrigen Temperaturen. Und dann noch Baumwurzeln, die von den Pazifikströmungen angespült worden waren, gemeinsam mit den Walrippen waren sie das einzige Baumaterial in einer Welt ohne Vegetation; Wurzeln von irgendwo, wer weiß, aus Honolulu, Patagonien, Kalifornien, China.

Als ich ins Bett ging, las ich um drei Uhr morgens *Lady Franklin's Lament,* den Bericht der Ehefrau jenes Kapitäns, der Mitte des 19. Jahrhunderts von hier aus mit zwei großen Segelschiffen und ihren Mannschaften ins Nichts aufgebrochen und im Nichts verschwunden war auf der Suche nach der Nordwestpassage. *In Baffins's Bay where the whale fish blow* … in der Baffinbucht, wo die Wale blasen, kennt niemand Franklins Schicksal, es kann in keiner Sprache erzählt werden, Lord Franklin ruht inmitten seiner Matrosen. In der Arktis stirbt man nicht, dachte ich. Man verschwindet. Vor Jahren, in den Walfischhäfen Neuenglands, hatte ich die Geschichten, die Melville erzählt hatte, nicht wiedergefunden. Aber hier, an diesem äußersten *finis terrae,* hier lebte der Mythos noch. Er winselte in den Spalten wie der Wind. Die Wale zogen aufs Neue zu Tausenden vorbei, im Frühling und im Herbst. Für jemanden, der in rustikalen Bars in dunklen Gassen überwintert, Junkies vom Pol kennenlernen und sich vielleicht an der Theke von der siebzigjährigen Fran Tate eine Tortilla servieren lassen wollte, einer noch immer kess aufgetakelten Ex-Schauspielerin mit einer riesigen weißen Masche oben auf der Frisur, war das der richtige Ort. Und wenn man Harpunenfischer und Kapitäne treffen wollte, die eine Menge Geschichten zu erzählen hatten, dann war Nuvuk wirklich das richtige Ziel. Nuvuk beziehungsweise Barrow, das „Ultima Thule“ vor dem Pol, Nuvuk, das Vorzimmer von Point Hope, wo die Leuchttürme zu Gespenstern werden.

Kassandra

Die beiden Leuchtturmwärter fischen immerzu, in jeder freien Minute. Nachts, tags, im Morgengrauen und in der Dämmerung, am Ost- und am Westkap. Sie fahren sogar bei stürmischer See hinaus, sofern es keinen Orkan gibt, verschwitzt wie Kämpfer kehren sie in den Turm am Gipfel des Berges zurück, um die Fische, die sie bei der Lastenseilbahn hundert Meter darunter in die Lore gekippt haben, so schnell wie möglich heraufzuziehen. Sie laden Lebendware aus, Drachenköpfe, Zahnbrassen, Hummer, Goldbrassen. Dann wickeln sie die Beute augenblicklich in einen durchsichtigen Film, um sie frisch zu halten, und legen sie in die große Kühltruhe. Ihr Stauraum im Lager unten im Erdgeschoß quillt über vor Leckerbissen: Schattenfische, Meeraale, Muränen, Brassen. Und damit nicht genug, denn die Kabeljaue müssen gesalzen und in der Sonne und im Wind aufgehängt werden, auf der Wäscheleine, dort, wo die Möwen sie nicht finden.

Erst nachdem die beiden Brüder von der Küste die Vorräte so geschlichtet haben wie auf einem Gemälde von Arcimboldo, gönnen sie sich die erste Zigarette. Man muss sie verstehen. Sie sind immer als Erste zur Stelle, noch vor jedem anderen Fischerboot, sie sind sich ihrer Pflicht bewusst, diese fantastische Ausbeute zu nutzen. Ihre Insel befindet sich in einem der fischreichsten Gewässer des Mittelmeeres und in dem Augenblick, wo das Wetter noch unbeständig ist, haben sie kaum Konkurrenten. Die Fischerboote trauen sich noch nicht hinauszufahren. Die beiden Freibeuter sind so mit ihrem Kampf beschäftigt, dass ich es niemals wagen würde, sie zu fragen, ob ich mitfahren darf. Ich wäre ihnen nur im Weg. Ich beschränke mich darauf, auf sie zu warten, ich beobachte von oben ihre Manöver und erwarte sie mit einem Teller Wurst oder einem fertigen Risotto für hungrige Fischer. Darüber freuen sie sich sehr.

Es ist nun mal eine Tatsache: Im Umkreis von mehreren Meilen gibt es keinen günstigeren Platz. Griechische Fischer, die nach dem

Zweiten Weltkrieg vor Ort waren, nachdem sich das Meer aufgrund der Isolation wieder mit Leckerbissen gefüllt hatte, erinnern sich an die Fischsuppen, die von den Mannschaften spontan auf dem Kiesstrand gekocht wurden, an die Gesänge, die großen Lagerfeuer, an Eimer voll Seeigel, die so groß waren wie Pampelmusen und die man nur mit dem Hammer öffnen konnte. Die Italiener haben mir vom echten Bonito und von legendären Tintenfischfängen vorgeschwärmt. Und dann riesige Krebse, die bei mir an der Adria als „pelose" oder „granzipore" bezeichnet werden und die dir mit den Scheren die Finger abreißen können. Ich bin im Herzen des Überflusses angelangt.

Diese Welt neigt sich dem Ende zu, innerhalb weniger Jahrzehnte haben die Menschen sie ausgeplündert, und offenbar sind sie sich dessen nicht einmal bewusst. Das habe ich an einem dieser Tage begriffen, an denen mit Feuereifer gefischt wurde. Ich sah, dass sich ein rotblondes Huhn mit rotem Kamm zwischen dem Leuchtturm und der Wetterstation versteckte, einsam wie der einäugige Esel, der in der Heide zwischen den beiden Meeren äst. Auf den ersten Blick nichts Außergewöhnliches. Doch die Dame geht so gut wie nie aus. Sie verbarrikadiert sich in einem leeren Hühnerstall, der für ein Tier allein viel zu groß ist. Was ist mit den anderen Hühnern passiert? Noch seltsamer ist, dass sich die Leuchtturmwärter nicht darum bemühen, den Käfig mit neuen Hühnern aufzufüllen, die frische Eier liefern könnten. Warum pickt das Huhn nicht im Freien Körner? Ein Rätsel. Es hat Angst, aber wovor? Gewiss nicht vor dem Wind und auch nicht vor Füchsen, denn hier gibt es keine. Auf der einsamen kleinen Insel gibt es keine Raubtiere. Gewiss fürchtet es sich auch nicht vor den halb verwilderten Katzen, die rund um den Leuchtturm auf Essensreste warten. Im Gegenteil: Das Kätzchen, das aufgrund langjähriger Inzucht ganz räudig zur Welt gekommen ist, sucht nachts bei ihm Unterschlupf und bei Tramontana flüchtet es sich schnurrend unter sein Gefieder. Eine merkwürdige Allianz, die Dame akzeptiert es, um weniger einsam zu sein.

Zuerst habe ich gedacht, die Leuchtturmwärter hätten den Rest des Geflügels gebraten. Eine glaubwürdige These, denn der Adjutant des Chefs hat Fisch satt und kocht nur noch Fleisch. Deshalb habe ich mich nicht getraut zu fragen. Doch eines Tages lüftet der Wärter das

Geheimnis. „Die anderen sind von den Möwen gefressen worden", sagt er und spielt die Szene eines mörderischen konzentrischen Angriffs mit ausgebreiteten Flügeln nach. Das Bild eines von diabolischen Schreien begleiteten Gemetzels führt mir augenblicklich vor Augen, was auf der Insel los ist. Diese Schreie sind der Inbegriff des Hungers. Das Meer leert sich. Aber nicht meine beiden sympathischen Piraten mit ihren Fischzügen sind daran schuld, sondern die industrielle und systematische Fischerei. Die drei- bis viertausend Möwen auf den Steppen und den steilen Felshängen finden im Meer so gut wie nichts mehr zum Fressen und suchen Nahrung auf dem Festland. Irgendeine Nahrung. Sie sind Raubtiere geworden.

Seit damals hat sich viel für mich verändert. Die Natur, die ich bis dahin mit der kontemplativen Dummheit des Stadtmenschen betrachtet hatte, hat offenbart, dass sie alles andere als friedlich ist. Jeder Quadratmeter Heide rund um den Leuchtturm war in Alarmbereitschaft und auf dem Sprung. Bereits die neugeborenen Kätzchen haben Angst vor dem kreischenden Schwarm und wissen, dass sie nicht ins Freie dürfen, sie fauchen wie Tiger, wenn ich ihnen ein paar Essensreste in den Holzschuppen lege. Das Huhn schaut zum Himmel hoch mit vor Angst gelbem Auge. Sogar die Falken kommen nur argwöhnisch näher, sie fürchten die Luftschlachten mit den Möwen, denn diese bewegen sich im Gleichklang, wie bei einer konzertierten „Mobbing"-Aktion. Die ganze Insel steht unter Stress, schreit vor Angst.

Nur die Fische schweigen. Es schweigen die Meerbarben, die Brassen, die Tintenfische. Es schweigen die Hummer in den Restaurants, in den Töpfen mit siedendem Wasser, oder in den Kühltruhen der Raubschiffe. Ihr schweigender Schrei besagt, dass das Mittelmeer in den letzten dreißig Jahren siebzig Prozent seines Fischreichtums verloren hat. Das hat mir Tamara Vučetić, eine legendäre kroatische Meeresbiologin, auf einer Reise nach Dalmatien erzählt. Die alte Tamara ist zugleich Homer und eine unerhörte Kassandra, sie ist imstande, das Meer zu besingen und seine Zerstörung zu beklagen. Sie sagte: „Eine Wissenschaft, die unfähig ist zu erschrecken, ist eine sinnlose Wissenschaft. Wir Meeresbiologen bräuchten einen Dichter, der berichtet, was da unten los ist, und der in der Lage ist, die Sehnsucht nach jener Zeit zu entzünden, als das Meer noch Meer war."

Kassandra war es zwar überdrüssig, in den Wind zu rufen und gegen Wände zu reden, war aber dennoch sehr gesprächig, und wie die meisten Slawen besaß sie die Gabe der Fremdsprachen. Mithilfe von genialen Umschreibungen konnte sie sich auf Italienisch ausdrücken und sie dankte Gott für unsere Begegnung, die sie kurzfristig aus ihrer Einsamkeit erlöst hatte. Sie verlor allmählich das Augenlicht und las ihre Mails am Computer mithilfe einer Linse, die so dick wie ein Teleskop war. Sie wohnte auf der Insel Korčula in einer tiefen Bucht. Korčula hat die Form eines nach Nordwesten offenen Vs, aufgrund des Zusammenspiels von Luftdruck, Wind und Gezeiten entstehen hier manchmal heftige Seebeben. Ich erinnere mich, wie sie plötzlich aus dem Fenster in Richtung Bucht schaute und sagte: „Meine Zeit ist abgelaufen. Aber ich entscheide, wann, wie und wo ich gehen werde." Wie Hemingways letzte Tage in Havanna. Allerdings trank Tamara viel lieber heiße Schokolade als Whisky.

Was für eine Frau. Sie bereitete sich auf das Sterben vor, war jedoch lebenshungrig, ihre Augen und ihre Mimik bezauberten, mit ihren Erzählungen konnte man ganze Notizbücher füllen. Ich versuchte das mathematische Modell zu verstehen, mit dem sie das Verhältnis von Fischen und Plankton berechnete, doch mehr noch faszinierten mich ihre Leidenschaft, die alles besiegende Liebe zur Natur, ihre kräftige und melodische Stimme, mit der sie ein Feuerwerk abbrannte: Geschichten von Kriegen, Segelschiffen, Sardinenhändlern, alten handgeschriebenen Seekarten und Begegnungen in Moskau, Cambridge, Istanbul und Buenos Aires, die bis in die Zeit Titos zurückreichten. Und außerdem das Baltikum, Southampton, die Bucht von Chesapeake, Saloniki, Hvar, Kreta, Zypern, Rhodos und Nuoro, der „Nabel des Mittelmeeres". Das alles sah ich wie eine außergewöhnliche Stereoskopie vor mir: die Klippen Korsikas, die Säulen Herkules', die kalkweißen Wüsten Syrtes und Sizilien – „Ach Sizilien!, auf der Stelle würde ich hinfahren!" – mit den Ikonen der byzantinischen Heiligen in Cefalù.

Vor allem liebte sie die Adria, den seichtesten und fragilsten Teil des Mittelmeeres, das reichste und zugleich von menschlichen Abfällen und Düngemitteln am meisten verunreinigte und von den Schrauben der großen Schiffe durchpflügte Meer, die am Meeresboden Schlamm und Giftstoffe aufwühlen. Das Wasser sei noch blau, sagte sie, aber

Durchsichtigkeit bedeute nicht automatisch Gesundheit. Natürlich kannte sie meine Insel, in den Fünfzigerjahren war sie im Zuge einer Meeresexpedition dort gewesen und hatte fünfzig Meter unter der Oberfläche ein gesunkenes italienisches U-Boot entdeckt, das zu einem Zuhause für Tausende wunderbare Meerbarben geworden war. „Als ich wieder oben war", sagte sie, „rief ich dem Schiffskoch zu, was er zum Abendessen machen sollte, und besorgte es ihm." Es schien ein Symbol der Fülle, stattdessen kündigte es den Tod der Meere an.

Wer weiß – ich erinnere mich an die denkwürdige Begegnung in Dalmatien –, vielleicht würden wir begreifen, wenn die Fische in den Netzen schrien. Doch es herrscht ein Schweigen, das dem Massenmord freie Hand lässt. Nichts wird getan, um Abhilfe zu schaffen. Ein Moratorium von einem Jahr, von nur einem Jahr, würde reichen, damit die Fischbestände sich erholen, doch die Länder an der Küste pfeifen darauf, halten an ihren lächerlichen nationalen Interessen fest, Sklaven einer Wirtschaft, die alles gleich und sofort haben will und auf die Kinder und Kindeskinder scheißt. In den Hafenstädten wird getanzt, getrunken und gesungen, die Diskomusik übertönt alles, die Ärsche wiegen sich im Rhythmus der Katastrophe. Was für eine Schande zuzugeben, dass nur ein Krieg dem Meer Ruhe verschaffen könnte und dass der Frieden ein verdammter Betrug ist, ein mörderischer, von Fernsehwerbung übertönter ökonomischer Krieg. Die Vertuschung einer Ausrottung.

Ich betrachte wieder das einsame Huhn auf der Insel. Mit seinem kalten rationalen Auge sagt es besser die Zukunft voraus als die Börse in London. Um es zu verstehen, reichte es, mich dem Lärm des Festlandes, dem Sturm der SMS, der Überdosis an Informationen, der doofen Musikberieselung im Supermarkt, der gefakten Welt der Drohnen und Selfies zu entziehen und auf diese gottverlassene Insel zu kommen. Hier ist alles eindeutig. Das Auge der gefiederten Prophetin brüllt der Welt zu, dass uns das System mit Schmerzmitteln betäubt und uns in einem Zustand geistiger Anspannung hält, nur damit wir nicht zur Kenntnis nehmen müssen, dass eine gierige Geldmafia die Welt verschlingt. Es sagt, dass sich hinter den Kriegen im Irak, in Syrien, in der Ukraine, am Balkan, hinter den Flüchtlingswellen, den „Ismen" und den Nationalflaggen, hinter den Nationalinteressen und den Monotheismen stets die schamlose Ausbeutung der letzten Ressourcen unseres Planeten verbirgt.

Ich habe oft Alpträume, in denen leidende Tiere vorkommen. Bei einem, der immer wiederkehrt, irre ich durch ein Schlachthaus, in dem Rinder bei lebendigem Leib auf die grausamste Weise geschlachtet und gehäutet werden. Auch heute Nacht hatte ich so einen Alptraum. Vielleicht war es gar nicht so sehr einer als vielmehr ein immer wiederkehrender uralter Schmerz. Die Erinnerung an eine alte Frau, die in meiner Kindheit im Stockwerk über mir wohnte, in der Mansarde des Hauses. Die lupenreine Megäre besaß eine sanfte, langhaarige Mischlingshündin namens Lea, die ihr in regelmäßigen Abständen ein Dutzend Welpen bescherte. Nach ein paar Tagen steckte die Alte sie in einen Sack, ging auf der Straße bis zur Mole hinunter und warf sie ins Meer. Nun träume ich, dass die Hexe in der Dunkelheit und im Regen unterwegs ist, mit einem im Wind wehenden Morgenmantel und ihrem winselnden Bündel auf dem Rücken. Die personifizierte Taubheit gegenüber dem Schmerz.

Solche Dinge passieren auf einer einsamen Insel. Neuartige Gedanken. Stimmen sagen dir, dass das Schlimmste nicht darin besteht, am Rande der Katastrophe zu stehen, sondern darin, es nicht zu bemerken. Jedes Tier spürt die Gefahr. Wir spüren sie nicht mehr. Wir sind so narkotisiert und weit entfernt von der Natur, dass wir nicht spüren, dass Beton und Abfall, Camorra und Gift uns belagern. Wir bewegen uns seelenruhig inmitten von Tiergefängnissen, die Tiere werden mit Antibiotika vollgepumpt und verrückt gemacht, sie winseln in Käfigen, in denen ständig Licht brennt, und wir sehen nicht, dass Nacht und Nebel mit Riesenschritten auf uns zukommen, wie Gog und Magog. Wir werden es erst verstehen, wenn nichts mehr zu retten ist. Wenn es morgen am Himmel keine Spatzen mehr gäbe, würden wir Wochen brauchen, bis wir es bemerkten. Wenn der Fluss unter den Brücken unseres Dorfes eines Tages verschwände, würde es uns nicht auffallen. Wir sind zwar voll Ängste, aber wir fürchten uns vor bedeutungslosen Dingen, und leere Ängste heißen Paranoia. Die wahre, die höchste Furcht fehlt uns. Die Angst vor uns selbst, die wir unfähig sind, den Schrei der nach Luft schnappenden Natur zu hören und zu sagen: „Es reicht."

Der Schrei

Das Gekreisch der Möwen im Dämmerlicht beginnt eine halbe Stunde vor Sonnenuntergang, sie flattern in konzentrischen Kreisen um den östlichen Buckel der Insel herum. Unmöglich zu verstehen, was das Durcheinander und die Aufregung auslöst. Der Abend senkt sich heiter herab und niemand steckt die Nase in ihre Nester. Ein warmes, gewaltiges Licht beleuchtet die weißen Gefieder, und trotz der wirbelnden Bewegung ist jedes einzelne Tier gut vor dem Kobaltblau des Meeres und dem tiefen Grün des Berges zu sehen. Ich filme jede Minute dieser Erscheinung, ich denke, ich könnte den Film als eine Dokumentation über die Osterinseln ausgeben, ohne dass es jemand bemerkte.

Innerhalb weniger Minuten verlagern sich die Vögel laut kreischend zum Schwerpunkt der Insel, als warteten sie darauf, dass der Wal auftauchte, und dann immer weiter nach vorne, in Richtung des felsigen Bugs auf der Seite der untergehenden Sonne, die jetzt das Meer entzündet, sodass ich mich weit hinter den Leuchtturm zurückziehen muss, dorthin, wo der Weg zum Pavillon der Wetterstation führt. Von hier oben beobachte ich ein unvergessliches Schauspiel. Wenn die Sonne das Meer berührt und bronzefarben färbt, ertönt ein Schrei wie aus einer einzige Kehle, und bevor er völlig verebbt, geht er in ein aberwitziges klagendes Crescendo über. Dann wird das Gekreische rasch leiser, bis sich Schweigen auf die Insel des Zyklopen senkt.

Warum habe ich diese Szene an den Abenden davor nicht gesehen? Vielleicht weil es regnerisch und windig war? Was für eine Beziehung besteht zwischen der ruhigen honigfarbenen Schönheit des Abends und dem Gekreische der Vögel? Und wie ist es möglich, dass die Tiere mit dem prähistorischen grausamen Auge so weinen?

Fröstelnd kehre ich zum Leuchtturm zurück. Ich bin so verzaubert, dass ich vergessen habe, mir etwas Warmes anzuziehen. Die Verabschiedung des Lichts hat mir den Atem geraubt. In der Küche mache ich die Herdplatte an, um mir die Hände zu wärmen, und komme zum Schluss, dass ich mich dem Augenschein beugen muss: Die Vögel haben das Licht gefeiert und es beschworen, wiederzukommen.

Es ist nun mal eine Tatsache, ich muss mich mit den Möwen arrangieren. Sie sind die Herren der Insel, sie haben nichts mit ihren zu Müllschluckern und Bettlern heruntergekommenen Brüdern in der Stadt zu tun. Sie sind stolze Tiere, von einer perfekten Eleganz. Am Tag darauf sehe ich fast zufällig, dass die Leuchtturmwärter mitten auf der Insel, in dem Garten hinter der nach der Eidechse benannten Ebene, eine tote Möwe an einem Flügel aufgehängt haben, um einem alten Brauch zufolge die anderen Vögel fernzuhalten. Vielleicht liegt es an den Federn, die das verfaulende Fleisch verbergen, aber der Vogel ist selbst im Tod noch berührend elegant. Der lange Hals, der auf die Brust gesunkene Kopf, die ausgestreckten Füße wie von einer Balletttänzerin und vor allem die gespannten Flügel, die sogar im Ruhezustand eine stolze Haltung zum Ausdruck bringen.

Von diesem Abend an sah ich die Sonnenuntergänge auf der Insel mit einem neuen Blick. Vor allem die mildesten Abende erschienen mir in manchen Momenten so unbarmherzig wie ein schwarzer Granitblock. Die Nächte waren weniger beunruhigend, denn da war der Übergang bereits vollzogen, und die Sterne zeigten mir in der Dunkelheit einen sicheren Weg und die geheimnisvollen Wege des Traums. Aber ja doch! Deshalb hatten die Vögel geweint: Die Verabschiedung des Lichts war etwas Unerträgliches. Von nun an betrachtete ich auch die Möwen mit mehr Aufmerksamkeit, ihre Alarmschreie, ihre Fürsorge beim Brüten, die Anordnung ihrer Nester. Ich vergesse nicht, wie mich eine von ihnen, wütend wegen meines Eindringens, fast mit einer Stinkbombe beschoss, nachdem sie am Zenit über mir gekreist war.

Das Problem bestand darin, eine Übereinkunft mit den Vögeln zu treffen. Es gab Möwen aller Arten und in allen Größen, aber der einzige Vogel, den ich in diesem himmlischen Babel mit Sicherheit wiedererkannte, war ein riesiger Fischreiher, der verärgert ausbrach und –

Gott allein weiß wie – mit anliegenden Flügeln wenige Meter von mir entfernt in die Höhe stieg, in perfekter, fast übernatürlicher Stille. Mehrmals sah ich einen großen, hellbraunen Raubvogel, der beim Fliegen immer wieder von den Möwen gestört wurde, die sich überhaupt nicht einschüchtern ließen. Hin und wieder tauchten auch Schwalben auf: Sie machten bei ihren Interkontinentalflügen auf der abgelegenen Insel Station. Die Insel war ihr Flugzeugträger.

Eines Morgens, als ich in der Küche das Geschirr abwusch, sah ich über der Wetterstation einen Vogel fliegen, der aussah wie ein Albatros, jedoch die Flügel eines prähistorischen Flugwesens hatte, eine Art Pterodaktylus, eine Mischung aus Kormoran und Fledermaus. Er flog im Gleitflug vorbei und ich sah ihn nie wieder. Die Insel ist eine wichtige Durchzugsstation. Anfang des 20. Jahrhunderts, kurz nach der Errichtung des Leuchtturmes, waren mindestens zweihundert Gattungen von Zugvögeln katalogisiert worden, doch ein Jahrhundert danach tauchen einige davon nicht mehr auf. Der Mensch hat sein Werk verrichtet, auch hier, auf dieser Insel am Ende der Welt, wo nur Verrückte und Träumer an Land gehen.

Und wo war der Westlandsturmvogel? Wie konnte ich einen Vogel sehen, dessen Name *Procellaria* schon darauf hinwies, dass er das Festland mied? Und wer waren diese großen, schlanken Spatzenförmigen, die sich synchron bewegten wie Insektenschwärme? Stare? Sichelstrandläufer? Und wie hieß diese Art Amseln mit weißbraunem Gefieder, die mir so plötzlich den Weg abschnitten, dass ich stolperte? Und wie waren die Hornissen auf die Insel gelangt, fragte ich mich, wie hatten sie fünfzig Meilen über das offene Meer fliegen können?

Und in welchem Winkel der Insel hatten sich die Königsalbatrosse *(Diomedea)* versteckt, Diomedes' Gefährten, die von Zeus in Vögel verwandelt worden waren, damit sie sein Grab bewachten? In Gebieten an der Peripherie hatte ich sie immer gesehen: in der Straße von Bonifacio auf Korsika, bei einer Überfahrt in der Ägäis zwischen Kea und Mykonos und auf der fernen Insel Gavdos, dem südlichsten Punkt Europas. Ich hatte gute Chancen, sie auch hier rund um die Klippen meines Leuchtturmes zu finden. Vor allem wollte ich ihr berühmtes nächtliches Klagen hören. „Immer wenn ich sie sehe“, hatte Fabio Fiori, ein Skipper aus Rimini und Autor eines wunderbaren Buches über Winde, zu mir gesagt, „bin ich verzaubert, genauso und vielleicht sogar noch mehr als von Delphinen".

Es folgt eine sehr ruhige und außergewöhnlich klare Nacht, der längliche Mond fliegt Richtung Westen wie ein Fußball. In der Abendbrise schwimmt der Archipel wie ein Schwarm fröhlicher Wale und hinterlässt aufgrund des Windes einen silbrigen Streifen. Unmöglich, im Leuchtturm zu bleiben. Ich gehe zum Strand hinunter, mit einer Decke auf den Schultern setze ich mich auf den Kies und leiste mir mit dem Klang meiner Stimme Gesellschaft. Auswendig sage ich Verse von Catull auf:

Iam ver egelidos refert tepores,
iam caeli furor aequinoctialis
iucundis Zephyri silescit auris.

Schon erwärmt sich das Jahr im jungen Frühling, schon erlahmen, da Tag und Nacht sich gleichen, die Märzstürme im Hauch des milden Westwinds. Was für eine Wohltat für die eingefrorene Seele. Der Zauber beschützt mich. Etwas Neuartiges liegt in der Luft.

Die Nevera

Am achten Tag um sieben Uhr morgens reißt ein Windstoß beinahe das Küchenfenster auf. Ich höre den Windstoß im Schlafzimmer und laufe hinunter, ohne in die Pantoffeln zu schlüpfen. Ich fürchte, ich habe das Fenster offen gelassen, der Abend war nämlich außergewöhnlich mild. Nein, die Fensterläden sind zu. Trotzdem prasselt der Regen auf die innere Fensterscheibe. Die Westseite des Adlerhorstes wird von Böen gepeitscht und das Meer von Geistern heimgesucht. Es weht ein heftiger Wind, der bei mir zu Hause als „Nevera" bezeichnet wird, ein kurzer, aber gefährlicher Sturm, der imstande ist, ein Schiff im Hafen zu versenken. Wasser ist eingedrungen und hat das Fensterbrett überschwemmt, die Scheiben sind aufgrund des plötzlichen Kälteeinbruchs von Kondenswasser überzogen.

Wer hat gesagt, dass auf einer einsamen Insel nichts passiert? Kaum lehnt man sich zurück, passiert hier alles Mögliche vor der eigenen Nase. Das Wetter schlägt beeindruckend schnell um und gleichzeitig verändern sich Licht, Gerüche und die Temperatur. Innerhalb weniger Stunden kann das Meer fast alle Farben des Regenbogens annehmen. Grün, blau, weiß, silbern wie ein Brennglas, gelb und rosa bei Sonnenuntergang, rot, schwarz, wie zur Bestätigung, dass die Weltmeere mit gutem Grund mit Farben bezeichnet werden: Gelbes Meer, Weißes Meer, Rotes Meer, Schwarzes Meer. Ganz zu schweigen davon, dass die Ägypter das Mittelmeer als „das große Grün" bezeichneten aufgrund des schlammigen Nilwassers, das sich im Delta meilenweit fächerförmig ins Meer ergoss.

Man mag sagen: Es ist nur das Wetter. „Nur" das Wetter? Das Wetter ist ja keine Nebensächlichkeit. An einem Ort, der den Elementen derart ausgeliefert ist, ist der Wetterbericht von elementarer Wichtigkeit. Und nicht nur, weil er eine umfangreiche Zusammenfassung des Zustands des Universums ist, sondern weil er dich entblößt, eine

Lawine von Visionen auslöst und den Apparat der Gedanken in Gang setzt, der wegen des allzu sesshaften Lebens eingeschlafen ist. Gestern zum Beispiel hat ein Riss im Nebel, unterhalb der pechschwarzen kompakten Wolkendecke, die wie ein Bügeleisen über dem Land lag, genügt und eine Schiffsprozession ist aufgetaucht, bei der Flaggen aus der halben Welt flatterten. In so einem Moment muss man alles stehen und liegen lassen, das Teleobjektiv oder das Stativ nehmen, in der Gewissheit, dass jede Erscheinung hier einzigartig ist und man diese Schiffe in so einem Licht nie wieder sehen wird.

Auf einer Insel verändern sich aufgrund des Windes sogar die häuslichen Gewohnheiten und das Alltagsleben, denn jede Mauer ist einem anderen Wind ausgesetzt. Bei Nordostwind etwa muss man die Läden der Küchenfenster schließen und mit Sack und Pack ins Schlafzimmer übersiedeln. Bei Libeccio kehrt man in die Küche zurück und reißt das Schlafzimmerfenster auf. Bei Mistral, dem einzigen wirklich trockenen Wind, muss man im Nu die Wäsche waschen und zum Trocknen aufhängen. Fällt die Tramontana ein, die Schwester des Meltemi in den kalten Monaten, muss man schnell alle Türen und Fenster schließen und wenn möglich hinauf in den Turm steigen, um den wütenden Elementen zu lauschen. Kommt dann der afrikanische Schirokko, igelt man sich am besten ein und geht nicht hinaus, wie die Tuareg bei Sandstürmen.

Man hat zu mir gesagt: „Du wirst dich langweilen", und ich stelle fest, dass ich keinen Augenblick Ruhe habe. „Worüber willst du an einem Ort schreiben, wo nichts passiert?" Ebenfalls ein Einwand bei meiner Abreise. Jetzt stelle ich fest, dass meine Notizbücher wahrscheinlich nicht reichen werden. Und ich schreibe nicht nur übers Wetter. Wie auf einem Schiff gibt es hier immer etwas zu tun: Brot backen, das Barometer kontrollieren, im Licht des Leuchtturmes das richtige Buch lesen, fischen, Risotto kochen, den Raum sauber halten, den Berg und den Strand erkunden, den Abfall richtig entsorgen. Und außerdem den Stromgenerator und die Wasserpumpe kontrollieren, die Namen der Winde in Erfahrung bringen, den Fisch salzen, bei richtigem Licht filmen und fotografieren. Ist man neugierig, genügt die Zeit gar nicht, um alles zur erfahren, was einen umgibt. Wie eine Seele im Fegefeuer rennt man von einem Ort zum anderen.

Jetzt ist es kalt. Um mir die Hände zu wärmen, muss ich den Herd anmachen und sie energisch über dem Feuer reiben, wie das kleine Mädchen mit den Zündhölzern. Der Nordwestwind, der sich in der Wendeltreppe verfangen hat, steigt jetzt zur Laterne empor und erzeugt ein litaneiartiges Geräusch. Es erinnert mich an das Gebet, das ich eines Tages auf der Île de Sein in der Bretagne von schwarz gekleideten Frauen gehört habe. „Elles sont toutes veuves", lauter Witwen, sagte meine Freundin neben mir mit rauer Stimme; diese unheilvolle Feststellung in einem Kirchenschiff, in dem sich kaum Männer befanden, gemeinsam mit dem draußen wütenden Atlantiksturm offenbarte eine Geschichte von Schiffbrüchen, als ob die Männer auf der Insel nur auf hoher See stürben.

Nevera, was für ein wunderbares Wort. Die Moderne kann kein solches Wort prägen. Es klingt nach plötzlicher Kälte und feiert den Kurzschluss zwischen Meer und Berg, aufgrund dessen sich die Luft ohne Vorankündigung abkühlt, ein Ungleichgewicht aus der Welt geschaffen wird. Ich glaube, Venedig hat diesen Begriff in das ganze östliche Mittelmeer exportiert. Ich habe ihn in kleinen kroatischen Häfen gehört, an den Küsten Epirus', in Mykonos, sogar die palästinensischen Fischer in Haifa in Israel benutzen ihn. Ich habe das Wort Nevera auch aus dem Mund eines Phöniziers in Sant'Antioco auf Sardinien gehört und erinnere mich, dass sich der englische Schriftsteller Patrick Leigh Fermor eines Abends in Kardamili auf dem Peloponnes, als es unerträglich schwül war, die Nevera herbeiwünschte, er hoffte, dass sie das Meer aufwühlte. Und dabei versuchte der Neunzigjährige den Wind günstig zu stimmen, indem er immer wieder mit Ouzo „on the rocks" anstieß, der einen Ochsen umgehauen hätte.

Wie alle Stürme ist auch dieser in weniger als einer Stunde vorbei. Inzwischen habe ich gelernt: Der Wetterbericht hält hier nicht, was er verspricht, man hat es mit dem Unvorhersehbaren zu tun. Bis zu zwölf Stunden im Voraus kann man nicht mit Sicherheit sagen, ob man aufs offene Meer hinausfahren kann. Und da alles, auch die Möglichkeit, zu landen oder abzureisen, vom Wind abhängt, kann man hier durchaus zwei Tage lang auf den Koffern sitzen und auf die Abreise warten. Mit einem Wort, wenn man so einen Ort aufsucht, muss man wissen, worauf man sich einlässt. Auf jeden Fall macht es sich bezahlt, wenn man nicht zu jenen gehört, die ständig hektisch am Smartphone hängen oder Sklaven des Terminkalenders sind. Hier muss man mit der Stille zurechtkommen, sich mit Verzögerungen und Wartezeiten abfinden und Freude an den antiken Tugenden des Umwegs und der Umsegelung haben.

Die unbewohnte Insel wiederum stellt einen vor andere Probleme. Zum Beispiel: Wenn man an Land geht und feststellt, dass einem etwas fehlt, hat man Pech gehabt. Ich weiß, dass ich mit eineinhalb Liter Öl drei Wochen lang auskommen muss, da hilft nichts. An solchen Orten lernt man augenblicklich, dass die Ressourcen knapp sind, und man bekehrt sich zu einer gesunden Sparsamkeit, denn mit Geld kann man hier keine Probleme lösen. Meine Geldbörse liegt schon seit zehn Tagen auf dem Nachtkästchen, stellt Tag für Tag ihre lächerliche Nutzlosigkeit unter Beweis. Hier gibt es kein Geld und auch keine Diebe. Auf einer einsamen Insel versperrt niemand die Tür. Alles ist einfacher und gleichzeitig exponierter. Zeitgenössische Mütter von Stadtkindern würden hier sterben vor Angst, ihre Kinder könnten in eine Schlucht fallen, wie seinerzeit die schwachen Neugeborenen in Sparta.

Es heißt, zu Füßen des Zyklopen sei nie jemand zur Welt gekommen und nie jemand eines natürlichen Todes gestorben. Mit Ausnahme eines griechischen Helden, von dem ich vielleicht erzählen werde, wenn der richtige Abend gekommen ist.

Ego adriaticus sum

Zehnter Tag, vier Uhr nachmittags, Tramontana, ein heftiger, beständiger Wind wie eine Galeonenflotte mit vollen Segeln. Heute Abend koche ich Pilzrisotto und lade die Leuchtturmwärter zum Essen ein. Ihr einmonatiger Dienst ist vorüber, morgen fahren sie nach Hause, und im Chaos des Umzugs ist es ihnen sehr recht, dass sie kein Geschirr schmutzig machen müssen und auswärts essen dürfen. In den letzten zehn Tagen haben sie mich in ihrer Küche willkommen geheißen, mir Leckerbissen aus den Meerestiefen aufgetischt und die Namen der Winde in ihrer Sprache gelehrt. Für diese Geschenke bin ich ihnen dankbar.

Das Zusammenleben mit den beiden, die so anders sind als die Menschen aus meiner Welt, hat mir viel gebracht. In eineinhalb Wochen haben sie kein einziges Mal den Sonnenuntergang bewundert oder ein Buch gelesen. Wenn sie sich ausruhen, hören sie sich tieftraurige türkische Schlager an oder rauchen und schauen dabei ins Leere. Im Übrigen ist das Tun dem Sein weitaus überlegen. *In primis pescare necesse est,* vor allem müssen sie fischen, und sobald der Wind es zulässt, laufen sie hinaus und werfen die Netze aus, um köstliche Zahnbrassen, Drachenköpfe und Hummer zu fangen und in einer Kühltruhe zu verstauen, die größer ist als ein ägyptischer Sarkophag. Die Ware nehmen sie mit nach Hause oder verkaufen sie in der guten Saison an Restaurants.

Außerdem weiß man ja, im Haus des Zyklopen gibt es immer eine Menge zu tun. Den defekten Generator reparieren, auf dem Weg Gras mähen, die Sonnenpaneele so richten, dass sie zum Licht schauen, die Laterne putzen, den Windmesser einstellen, die seltenen Besucher empfangen, die in der Lage sind, vor der Küste den Anker auszuwerfen. Und außerdem Brot backen, die Brunnenrohre überprüfen, Türen und Fenster instand setzen, die von der Tramontana aus den Angeln gehoben wurden, Kapern und wilden Spargel pflücken, den Garten vor dem Angriff der Möwen schützen.

Auf einer Leuchtturminsel lernt man als Mann alle Geheimnisse der Hauswirtschaft kennen. Notwendigerweise, denn in einer Einsiedelei fern der Welt artet selbst die kleinste Unordnung schnell zu einem Riesenchaos aus. Auf einem Segelschiff braucht man nur einen Korkenzieher nicht zu finden und die ganze Mannschaft gerät in eine Krise. Doch die einsamen Leuchtturmwärter sind die ordentlichsten Seeleute. Ich empfehle also allen Frauen: Heiratet einen Leuchtturmwärter. Er versorgt euch mit Essen und geht euch nicht mit lästigem Geschwätz auf die Nerven, putzt die Wohnung blitzblank und verduftet jeden zweiten Monat, ein vom Talmud empfohlener, perfekter Rhythmus, um die Ehe aufrechtzuerhalten.

Ich treffe den Kapitän auf der Ebene, die sich wie ein Bug über die Klippen schiebt. Trotz heftigen Windes fischt er auf der windgeschützten Seite der Insel und hievt die Beute mithilfe der Seilbahn herauf: drei Pelamiden, einen Hummer, zwei Goldbrassen und einen zwei Kilo schweren Drachenkopf. In einer kurzen sonnigen Pause rollt er sich eine Zigarette, die Ellbogen auf die Mauer gestützt, mit halb offenem Baumwollhemd. Er ist fünfzig, aber gut in Schuss, sechzehn Jahre hat er im Leuchtturm verbracht; Boxerstatur, Sperberprofil, spöttischer Blick, elegant lässige Kleidung, stolz auf seinen Beruf.

Ich sehe seinen Adjutanten den Weg heraufkommen. Er ist dreißig und hat zwei kleine Kinder. Groß und schlaksig. Besondere Kennzeichen: hinkender Gang und die Weigerung, Vitamine zu sich zu nehmen. In zehn Tagen hat er in keine Tomate und keinen Apfel gebissen oder einen Salat zu sich genommen. Nur Drachenköpfe, Pecorino und Koteletts. Ein militanter Verfechter von Proteinen. Ich habe versucht, ihn zum Verzehr köstlichen Weißkohls zu bekehren, zu Gurken und gegrilltem Paprika, doch ohne Erfolg. Seinem Chef gegenüber verhält er sich respektvoll, was die beiden nicht daran hindert, zu streiten, jedoch auf zeremonielle Weise, was nicht wieder gutzumachende Brüche verhindert.

In der Küche der Leuchtturmwärter stehen auf engstem Raum ein Tisch, eine Herdplatte, ein Radio und ein TV-Gerät, ein Sofa für das Mittagsschläfchen und zum Telefonieren. Der Kontakt mit dem Festland ist innig, vor allem am Abend, wenn „die Sehnsucht aufkommt". Da werden die Anrufe immer häufiger. Mein Schatz, Mama, Papa, mein Augenlicht. Und außerdem der Weinberg, die Oliven, die zu zahlenden Steuern. Der Kapitän verfolgt seine Angelegenheiten aus der Ferne mit hektischer Betriebsamkeit, ich höre, wie seine Stimme auf typisch mediterrane Weise schnell vom Lachen zu Zorn und Zärtlichkeit übergeht. Und wenn vor dem Abendessen die Laterne angeht, tritt der Chef auf die Ebene hinaus und schaut in die Richtung, aus der die Tramontana kommt, Richtung Polarstern, denn dort blinkt ein anderer Leuchtturm, auf einer dreißig Meilen entfernten Insel, und in diesem Leuchtturm – auf dieser Insel – lebt sein Sohn, der denselben Beruf hat und ihm gerade einen Enkel geschenkt hat. Die beiden Lichter sprechen und rufen einander zu, sobald es dunkel ist.

Abendessen mit Blick auf den Sonnenuntergang, grünviolette Streifen, und die beiden sehen mich belustigt an, weil ich ungeduldig auf den richtigen Zeitpunkt warte, um den Käse ins Risotto zu rühren. Zu viel Aufmerksamkeit in den Augen von Leuten, die schnell zum Punkt kommen, zum Wesentlichen, zum Fleisch. Aber dann heißen sie die dampfende „pignatta" mit einem Trinkspruch willkommen, die Gabeln schaben aufgeregt im Teller.

Wichtig: Beim Rauchen plaudert man hier in einem obszönen Mischmasch aus Englisch und Deutsch, Istrianisch-Venetisch, lokalem Dialekt und aufs Wesentliche reduzierten Gesten. Die Verben werden nicht dekliniert und der Ton ist ein Märchenton. Ganz zu schweigen von den Gesten und Blicken; die Augen rollen und der Blick heftet sich auf den Gesprächspartner, um ihn zu verführen. So kommunizieren wir im *Mare nostrum,* von Gibraltar bis zum Hafen von Haifa. Wie soll man das jemandem aus Bergamo erklären?

Gianandrea Nisi, ein Banker aus Triest, der zwischen der City of London und der Piazza Affari in Mailand pendelt, schreibt mir hin und wieder freundschaftliche SMS in regionalem Dialekt, auf Englisch und Kroatisch, und zwar nicht nur, um – stolz auf seine kosmopolitische Herkunft – seine Personalien anzugeben, sondern auch, um der Welt der blutleeren Schnösel zu entkommen, die die Welt mithilfe des Nasdaq beherrschen. Er selbst hat ja eine Vorliebe für triestinische Aperitifs und Vorspeisen. So schreibt er zum Beispiel: „Dragi prijatelj, tomorrow se vedemo per un spritz, and by the way podemo ciacolar de sto kurac de situation in luka Trst.“ Was so viel bedeutet wie: Lieber Freund, morgen treffen wir uns auf ein Glas, und wenn wir uns schon einmal sehen, plaudern wir über die versch...e Situation im Hafen von Triest.

Seit Jahrtausenden vermischen sich im Mittelmeerraum wie von selbst Gebräuche, Speisen und Kulturen, und so entstanden Handels- und Verkehrssprachen, die für Kaufleute, Fischer, Matrosen und sogar für Hirten beim Almauftrieb in gleicher Weise sehr nützlich waren – eine weitere Besonderheit des in der Mitte gelegenen Meeres, das immer ein Feind des Nomadentums war, das Wüsten hinterlässt. Joško Božanić, ein dalmatinischer Linguist, hat 1996 ein episches Gedicht in einer adriatischen Sprache verfasst, das Veneter und Montenegriner, Fischer am Gargano und Seeleute aus Korčula gleichermaßen verstehen, für einen Römer oder einen Einwohner Zagrebs aber wahrscheinlich unverständlich ist.

Ala năši, mola cimu
voga napri, fate fate
Ondre, Mike, File, zane
u ime Boga, voga voga.

Diese hämmernden Achtsilber hat er in langen, fiebrigen, schlaflosen Nächten auf der einsamen Insel Pelagosa geschrieben, wo sich die Leuchtturmwärter noch immer an ihn erinnern.

Wo soll eine Lingua franca gedeihen, wenn nicht auf einer Insel, die der Inbegriff des Franken, des Freien, ist? Es heißt, auf der einsamen Insel Lampedusa, die von mehreren Invasionen zerstört und immer wieder hartnäckig dekolonisiert wurde, hätten aufgrund eines stillschweigenden Abkommens selbst in Kriegszeiten türkische und christliche Schiffe anlegen können, ohne einander anzugreifen. Massimo Carlotto erzählt von einer der Muttergottes geweihten Grotte, in der ein türkischer Marabout begraben war; Besucher beider Religionen hinterlegten dort Speisen für die Schiffbrüchigen, für die von den Galeeren geflüchteten Sklaven und die Fischer, die mit leeren Netzen heimkehrten.

Ich frage mich, ob der umfassende Gebrauch des Englischen (wenn Französisch die vorherrschende Sprache wäre, wäre es jedoch nicht anders) diese mediterrane Fähigkeit, einzuebnen und zu vermischen, Orte der Begegnung und eine gemeinsame Sprache zu schaffen, nicht vernichtet hat und ob auf diese Weise letzten Endes nicht Unverständnis anstelle von Verständnis entstanden ist. Wenn man in Griechenland nicht weiß, dass Sardellen „gavros" heißen, braucht man sie gleich gar nicht zu bestellen. Sie würden einem nicht schmecken. Wenn man einen „saganàki", einen gebratenen Käse, möchte, sollte man nicht „fried cheese" sagen, und ich flehe Sie an, reduzieren Sie „dolmades" niemals auf „minced meat with rice", denn das klingt wie aus einem Ernährungshandbuch für Tiere. „Food" bedeutet Nahrung, nicht Speise; es ist die Banalisierung der Gastfreundschaft und der gemeinsamen Freude am Essen, es bedeutet Dosen in Supermarktregalen, Einsamkeit beim Essen. Man sollte lernen, schon die Namen der Speisen zu kauen: „melitzanes", nicht „eggplants". „Garlic sauce" ist um Himmels willen „skordalià". Lieber sollten wir Italienisch sprechen, es klingt ähnlich.

Ich erinnere mich, dass mir ein Koch im Spanischen Viertel in Neapel vor Jahren die Speisekarte aufsagte, er zählte die ortstypischen Namen der Gerichte mit einer derart barocken Theatralik auf, dass ich allein beim Klang der Namen satt wurde. Sogar die Ingredienzien wurden zu etwas Edlem. „Puparoli", „cucuzzielli", „pummarole" und „mulignane" klangen vermischt wie ein Taufspruch, ein Willkommensgruß, wenn nicht gar wie der Exorzismus eines atavistischen Hungers. Irgendwann musste ich lachend „Genug!" sagen, sonst hätte ich keinen Platz mehr in meinem Magen gehabt. In ausländischen Restaurants wähle ich die Speisen manchmal aufgrund ihres Namens aus, auch wenn ich keine Ahnung habe, woraus sie bestehen. Ich weiß nur, wenn sie gut klingen, müssen sie auch gut schmecken. Das ist eine instinktive Entscheidung, und ich irre mich fast nie. Auf meiner Insel hingegen spielt Englisch keine Rolle. Die Sprache hilft mir zu kommunizieren, aber nicht, um Begegnungen zu machen. Sie nagelt mich in einem Niemandsland fest. Es nervt mich, sie zu verwenden, genauso wie es mich nervt, Deutsch zu sprechen, obwohl das die Sprache meines Mitteleuropas ist. Viel besser wäre es, auf Griechisch,

Arabisch, Türkisch, Kroatisch oder dem Venezianisch der Serenissima zu radebrechen, das noch nicht tot ist, obwohl der Löwe nicht mehr auf dem Wappen auf San Marco brüllt. Die Kommandos „cazza“ und „lasca“ (hol an!) sind mir an weit auseinanderliegenden Orten wie der Insel Kos und dem Hafen des alten Karthago in der Nähe von Tunesien begegnet.

Ego adriaticus sum. Als Triestiner fühle ich mich in Venedig und Kotor, Ancona und Split, Korčula und Bari zu Hause. Und insofern bin ich auch das Wesen des Mittelmeeres, denn die Adria ist jenes Meer, in dem „das Andere näher ist“, wie der verstorbene Sergio Anselmi – ein unvergleichlicher Erzähler von Geschichten aus dem Adriaraum – einmal zu mir sagte, beziehungsweise der Raum, wo das Anderssein unmittelbar spürbar und die Vermischung unvermeidlich ist. Ich fühle mich also in derselben Weise in Saloniki und Beirut, in Oran und auf Formentera beheimatet. Meinen Landsleuten haben die erbärmlichen nationalen Definitionen immer nur Unglück gebracht. Deshalb ist das Meer für uns die Heimat aller, wir empfinden die Definition *Mare nostrum* als richtig. Das soll jedoch nicht heißen, dass das Meer uns „gehört“, sondern, dass es das Meer aller ist, die an seinen Küsten leben und abgesehen von der Sprache von einer ähnlichen Mentalität geeint werden.

Packeis

Heute bin ich zum Ostkap der Insel gewandert, davor habe ich eine Steppe voll Möwennester durchquert. Unüberwindbare, schwarze, fast vulkanische Felsen und dahinter ein wüstenartiges, gekräuseltes, aluminiumfarbenes Meer. Ein kalter Tag, Mantelwetter, Stunden, die man im Einklang mit dem Universum verbringt. Auf einen wie mich, der in einem Ort ganz hinten in einem Golf zur Welt gekommen ist und immer dort gelebt hat, einem Golf, der der äußerste Punkt eines abgeschlossenen Meeres wie das Mittelmeer ist, üben Vorgebirge einen unwiderstehlichen Zauber aus. Wenn dieses stürmische Kap dann auch noch Festland-Zeitzonen hinter sich hat und auf das große Nichts eines Ozeans blickt und dabei grenzenlose Welten trennt, wird der Schauer des Sich-Verlierens übermächtig. Um ihn zu spüren, braucht man nur nach Portugal zu fahren, in die Bretagne, nach Cornwall oder zu den ungeheuren Klippen der Aran-Inseln in Irland.

Aber das schrecklichste *finis terrae* habe ich vor einigen Jahren in Alaska gesehen, an einem Tag, an dem starker Westwind wehte. Der Sommer ging zu Ende und an den Antipoden setzte sich ein lustloses Morgengrauen durch, blaue Risse verbreiteten sich wie Tintenkleckse in einem Packeis aus stillstehenden Wolken, die einer Totendecke glichen. Ein Ort ohne Leuchtturm, abgesehen von der Ruine eines 1999 von einem Sturm zerstörten Gebäudes. Ich befand mich am äußersten Ende der Halbinsel Seward, wo der amerikanische Kontinent in einem flachen, farblosen Raum ausläuft. Hinter der Beringstraße, noch im Halbdunkel, lag Sibirien. Im Süden der Pazifik, das Wasser der halben Planisphäre zwängte sich in Form mächtiger Strömungen in die fünfzig Meilen breite Straße, die den Pazifik vom Arktischen Meer trennt; von hier aus ist Kapitän John Franklin im August 1845 mit zwei großen Schiffen und einer Mannschaft von hundertfünfzig Männern in ein Labyrinth von Inseln und Gletschern aufgebrochen und verschollen.

In diesem Quadranten am äußersten Ende der bewohnten Welt steht alles auf dem Kopf. Die Uhrzeit, die Nacht wird zum Tag, an den Antipoden zu Greenwich ändert sich auch das Datum. Russland wird zum Westen, Amerika befindet sich im Osten und Europa – das sich auf der Karte oben befindet – wird aufgrund einer aberwitzigen Kontinentaldrift nach Norden geschoben, hinter die Polkappe und Spitzbergen, auf die Route der Interkontinentaljets. Alles dreht sich hier um und alles geht hier zu Ende: die Ozeane, die Alte und die Neue Welt, die sich wie große Schlachtschiffe auf Kollisionskurs zu befinden scheinen; die Nordostpassage und die Nordwestpassage, die sich zu einem einzigen Meeresarm vereinigen, der wegen der Gletscherschmelze zunehmend frei von Eis ist.

Ich erinnere mich, dass ich um drei Uhr morgens ankam und kein Meer da war. Die Beringstraße war von einem zweiten Meer bedeckt, einem Meer aus Nebel, einem grauen Spiegelbild der darunter köchelnden Oberfläche des Ozeans. Inmitten dieser milchig grauen Steppe tauchten zwanzig bis dreißig Meilen vor der Küste auf offener See zwei kleine Berge auf, wie die Köpfe einer bombardierten Brücke, unbeweglich in der Strömung. Es waren die nahen Diomedes-Inseln: Die größere und flache gehörte zu Russland und die kleinere und unregelmäßigere zu Amerika. Diomedes: Damals wusste ich noch nicht, dass dieser griechische Name mich verfolgen, mich aufgrund der homerischen Legende von der Rückkehr aus dem Trojanischen Krieg zu meiner Insel führen sollte. Hier wurde der Nebel Richtung Westen dichter, wegen der sibirischen Kälte, die die Küste berührte und auf die feuchte Pazifikluft traf, wurde er so dicht wie Daunen.

Der Schlot und die Brücke eines großen, schwarzen und stacheligen Lastschiffes tauchten aus der Watte auf wie das Periskop eines U-Bootes, es fuhr um das Kap Prince of Wales herum, durchpflügte das Meer gegen die Strömung, Richtung Aleuten. Es kam aus Kivalina, 150 Meilen Richtung Nordosten, wo sich das größte Zinkbergwerk der Welt befindet. Reger Schiffsverkehr, ein Wettlauf gegen die Zeit, denn bald würde sich die Straße jahreszeitenbedingt schließen. Davor würden jedoch noch die Wale kommen: Ende September verließen sie die Sommerweiden im Norden Alaskas, wo die Strömungen sich vermischten und riesengroße Plankton-Konzentrationen schufen, schwammen um Point Hope herum, dem Vorgebirge genau im Norden der Seward-Halbinsel. (Es wird wohl einen Grund geben, warum viele Vorgebirge im hohen Norden so heißen.) Hier können die Wale einander auf Meilen vor der Küste sehen und schwimmen gegen den Strom Richtung Pazifik.

Die Reise hierher war nicht einfach gewesen; nur das Flugzeug verbindet die Länder am äußersten Rand mit dem Rest der Welt. Keine Straßen, keine Hotels, auch die Karte ist wüstenartig, in diesem Land, wo die Goldgräber jeden Bach getauft haben, verliert sich sogar die Dichte der Namen. Ich hatte das von gelben Blättern übersäte Alaska hinter mir gelassen, den im Licht des milden Altweibersommers golden schimmernden Schnee am McKinley, doch ich hatte nicht erwartet, dass die Landschaft in Richtung Küste so rau war. Starker, kalter Wind, von kümmerlichen Fichten bedeckte Hügel, Sümpfe kurz vor dem Zufrieren, ein Boden, der in einer Tiefe von einem Meter auch sommers ein Eisblock ist.

Eine karge Heide bedeckte die Abhänge zur Küste hin, dort klebten die Dörfer der Eskimos, die sich vor dem Rest der Welt verschließen wie Austern. Hin und wieder ein Militärstützpunkt – Tin City, Point Hope, Cape Lisburne – mit im Wind flatternden Sternenbannern, noch immer in Alarmbereitschaft wegen eines Kalten Krieges, der jederzeit wieder ausbrechen konnte.

Illusorisch, sich da unten ohne Reiseführer zu bewegen und ohne sich der Stammesgemeinschaft anzukündigen. Entlang der Kapstraße, in den Küstendörfern zwischen Teller und dem Flughafen Nome, hatte man mich einfach ignoriert. Keine Frage war beantwortet worden. „Guten Tag." Schweigen. „Ich bin Italiener." Schweigen. Sie sahen mich aus zusammengekniffenen Mandelaugen an, dann gingen sie wieder ihren Beschäftigungen nach. Für sie war ich bloß einer, der die Nase in ihre Angelegenheiten steckte. Und außerdem keine Bar, weit und breit kein Hotel, in dem man hätte übernachten können. Kein Hinweis auf das „Große Spiel", das rund um diese Straßen im Gange war, denn aufgrund des schmelzenden Packeises konnte man plötzlich den Pol umrunden und riesige Erdöllager wurden zugänglich, was zu enormen Interessenskonflikten zwischen Russland, Kanada und Amerika führte.

Im Mittelmeer bringt das Ende des Sommers eine sanfte Melancholie mit sich. Im äußersten Nordwesten hingegen macht sich Panik breit. Bei Sonnenuntergang ergreifen alle die Flucht und man fühlt sich wie der einzige Überlebende einer nuklearen Katastrophe. Die Pensionisten brechen nach Florida auf, die Touristen reisen ab und die Fischer halten höchstens noch zwei, drei Wochen durch, beim ersten Schneesturm flüchten auch sie. Aber vor allem verschwinden die Zugvögel. Auf den Heidegebieten, dem Hinterland der Strömung in der Beringstraße, rüsten sie bereits Ende August ab, am Himmel überall Geschwader von Gänsen, Enten, Kranichen und „Sandpipern", das sind kleine Schreivögel mit langem, flötenartigem Schnabel. Ich hatte gesehen, wie sie eine Formation bildeten und vorbeiflogen, wie sie am Himmel an den Kreuzungen ihrer Transatlantikrouten große X bildeten. Bei dem Anblick, wie sie davonflogen, brach einem das Herz, während die weiße Gletscherlinie die Welt von Norden her bedrängte.

Ein verrückter Ort. Ende der Welt und gleichzeitig Verbindungsstraße. Ein Widerspruch in sich. Bering ist ein Ort, wo die Natur brodelt und verpufft. Aufgrund des niedrigeren Salzgehalts beginnt der Pazifik schon auf der Höhe der Halbinsel Kamtschatka Richtung Norden zu strömen, dieser Halbinsel, die die Form eines Pantoffels hat, so groß wie Italien und voller Vulkane ist und aufgrund der Eurasien auf der Karte wie eine ausschlagende Kuh aussieht. Bereits auf der Höhe der in Ost-West-Richtung angeordneten Aleuten, dem Schwanz des amerikanischen Rückgrats, ist die Strömung so stark, dass das Pazifikwasser zwischen den einzelnen Inseln gebremst wird und in eine Tiefe von eineinhalb Metern absinkt. Auf der Höhe der Beringstraße schließlich beginnt der Pazifik zu galoppieren wie ein Reiterheer, wird ein nicht einzudämmender Strom und erreicht Spitzengeschwindigkeiten von siebzig Kilometern pro Tag.

Vom Flugzeug aus hatte sich mir ein unvergessliches Schauspiel geboten. Braunes Wasser an der Küste, die Ablagerungen des Yukon Rivers. Nachtblaues Wasser zwischen den Diomedes-Inseln und der amerikanischen Küste, das den Ausgang aus dem größten Ozean der Welt markierte. Und eine Menge von Unterwasserströmungen in Richtung des Pols, in unterschiedlichen Tiefen, ohne sich zu vermischen, kilometerweit. Eine Atlantikströmung, die von Spitzbergen aus im Uhrzeigersinn den Pol umkreiste, gewann solche Kraft, dass sie bis zur Davisstraße in der Nordwestpassage gelangte und schließlich in der Nähe von Grönland wieder auftauchte. Man hatte mir erklärt, dass sich an der Nordküste Alaskas an der Oberfläche das Wasser des Pazifiks und in der Tiefe das Wasser des Atlantiks befindet.

Ein Wunder, unerklärbare Gleichgewichte, denen sich die Tierwelt auf wunderbare Weise anpasst. In diesem Meeresarm, der unaufhörlich vom Kochlöffel des Universums umgerührt wird, schwimmen unermüdlich Bären, Robben, Seelöwen, Narwale und Schwertwale, und früher einmal wanderten hier sogar Menschen von einem Kontinent zum anderen, sofern die Eskimos Alaskas tatsächlich aus Sibirien gekommen sind und noch immer die hohen Backenknochen ihrer Verwandten vom russischen Festland haben. Aber auch das Eis unterliegt beeindruckenden Veränderungen. Hier entsteht kein flaches Packeis, es bilden sich keine Blüten und zarten Fäden wie auf ruhigerem Wasser. Das Eis rückt auch nicht vor wie eine Front. Wütende Stürme und Schneefälle häufen es an und es bildet runde Stücke, sogenanntes „Pfannkucheneis", die Zwischenräume füllen sich später wieder mit neuem Eis. Erst am Ende fügt sich das Eis zusammen und man kann so gut wie zu Fuß über die Beringstraße laufen. Hin und wieder versucht ein Verrückter das auch und verschwindet im Schneegestöber, hinter den Eisblöcken, die aufgrund der starken unterirdischen Schübe aufgeworfen werden wie Grabsteine eines aufgelassenen Friedhofs.

Der Wächter

Sagen Sie ja nicht zu einem wie mir, der an der Adria zur Welt gekommen ist, die schönsten Leuchttürme in Europa befänden sich in der Bretagne oder in Cornwall. Hört mir zu, ihr, die ihr das Meer liebt und euch von prächtigen Fotos beeindrucken lasst, auf denen von Sturzwellen bedrohte Leuchttürme an der Atlantikküste zu sehen sind. Das Mittelmeer steht dem in nichts nach. An der dalmatinischen Küste habe ich an einem vom Mistral gepeitschten Nachmittag gesehen, wie Franzosen mit offenem Mund vor dem überhängenden Monolith am Kap Struga auf der Insel Lastovo standen. Und eines Nachts, bei einem Segeltörn an der Südküste Sardiniens, habe ich gehört, wie Deutsche unterhalb der Klippen von Kap Spartivento „unglaublich" flüsterten. Die rötliche Bastei überragte sie um achtzig Meter, alle fünfzehn Sekunden drei weiße Lichtstrahlen beim Tosen der Brecher.

Keine Ahnung, was die Fremden angesichts meines wunderbaren Leuchtturmes sagen würden, bei dem Anblick, wenn das Meer noch im Schatten liegt und die ersten Sonnenstrahlen die Laterne ganz oben treffen, die von sechzehn brüllenden Löwenköpfen beschützt wird. Mit welchen Adjektiven würden sie die perfekten Grundfesten beschreiben, die am Gipfelplateau des Berges verwurzelt sind wie ein Backenzahn im Kiefer, was würden sie sagen, wenn sie das Vorzimmer im Erdgeschoß zwischen den vier Eckpfeilern beträten oder das bogenförmige Vestibül, das zu den vier Gängen führt? Würden sie die richtigen Worte finden, um die Wendeltreppe mit den deutlich sichtbaren Steinstufen zu beschreiben, oder das geniale System, mit dessen Hilfe Regenwasser in einem Brunnen gesammelt wird und das selbst nach eineinhalb Jahrhunderten noch funktioniert?

Und dennoch, versuchen Sie einmal einen Kalender mit Leuchttürmen am Mittelmeer aufzutreiben. Sie werden keinen finden, nicht einmal in einem Spezialgeschäft für Schifffahrtszubehör. Selbst in

Korfu, auf den Balearen oder auf der Insel Malta wird man Ihnen nur riesige Fotos von wappengeschmückten Festungen an den Küsten Irlands oder der Normandie überreichen. Fast überall, von Spanien bis in den Libanon – aber in spezieller Weise in Italien –, werden Sie diese Demut zu spüren bekommen, diesen Kniefall der Erben der Griechen und Phönizier vor dem imaginären Feind in Nordeuropa. Niemand wird Ihnen von den genuesischen Türmen oder den beeindruckenden Resten des Leuchtturmes in Alexandria, des Großen Ahnherrn, vorschwärmen. Sie werden keinen Kalender mit den spektakulären Wachtürmen finden, die als Schutz gegen die Sarazenen an den Küsten Siziliens errichtet wurden, oder mit den riesigen Ruinen der Leuchttürme aus der Zeit der Römer.

Auf einer Schiffskarte aus dem Jahr 1925 lese ich: „Die Römer bauten monumentale Leuchttürme auf allen Vorgebirgen ihres weitläufigen Reiches. Sogar heute noch kann man viele Ruinen sehen, sie sind so robust, sie brauchen keinen Vergleich mit zeitgenössischen Bauwerken scheuen." Der großartige Leuchtturm von A Coruña, der achtundsechzig Meter hoch ist und auf den Klippen am Atlantik im Westen von Santiago de Compostela steht, wurde vor neunzehn Jahrhunderten gebaut, zur Zeit Kaiser Trajans, und funktioniert noch immer. Gibt es einen besseren Beweis dafür, dass die Leuchttürme am Atlantik bloß ein schwacher Abklatsch der Leuchttürme am Mittelmeer sind?

Die großen Leuchttürme sind Söhne von Kaiserreichen, nicht von Nationen. Um ein feines Netz von Lichtern zu weben, die Freunde der Seefahrer sein sollen, ist ein ganz bestimmtes Weltbild vonnöten. Protektionistische Eifersucht ist diesem Weltbild fremd, es sieht das Meer als Brücke. Nicht zufällig heißt es aufgrund des merkantilen Weltbildes der Griechen „Pontos". Wo, wenn nicht im *Mare nostrum* hätte sich so eine Philosophie entwickeln können? Das versteht man vor allem an den felsigen Küsten des östlichen Mittelmeeres, von Triest abwärts, wo die österreichisch-ungarische Monarchie im 19. Jahrhundert eine Reihe von einzigartig schönen und robusten Leuchttürmen errichtet hat. Im Lauf der Zeit und angesichts der armseligen Gegenwart scheint ihr Zauber sogar noch größer und nicht geringer geworden zu sein.

In Griechenland oder der Türkei gibt es wenige Türme, die jenen an der Adria ebenbürtig sind, erklärt mein weiser Skipper Piero. „Es gibt Gebäude aus den Dreißiger- oder Fünfzigerjahren, die zwischen Brindisi und Beirut sehen alle mehr oder weniger gleich aus. Mir gefallen diese sogar, sie stinken nach Salz und Pisse, nach Faschismus, nach Kolonien … du kommst nach Kos, zwei Meter von der türkischen Küste entfernt, und glaubst, du wärst in Ostia oder in Latina …“ Das Jahrhundert der Nationen und der Regimes war vor allem auf Inszenierung, nicht auf Dauerhaftigkeit bedacht. Um etwas Gutes zu finden, muss man weit in die Vergangenheit zurückkehren, etwa zu den venezianischen Leuchttürmen wie jenem in Fiskardo auf Kefalonia: ein Turm, sonst nichts, der jedoch auf den Kanal von Ithaka blickt, vielleicht „der schönste auf der Welt“. Und dann der von Knidos, auf dem Vorgebirge von Marmaris gelegen, thront er hoch über dem Wendepunkt auf der Route zwischen Ägäis und den östlichen Dodekanes-Inseln.

Aber nun zu den Wundern meiner einsamen Insel. Wo an der Atlantikküste könnte ich so einen Leuchtturm finden, der gleichzeitig Wächter der Seefahrer, Observatorium, Wetterwarte, Tempel der Botanik, Hochplateau für Birdwatchers, Seismograf, Marinelabor ist und griechische, römische und mittelalterliche Ausgrabungsstätte? Und außerdem ist er auch noch Hephaistos' Vorzimmer, Fischerhafen und Schutzhütte für Pilger, Einsiedelei und Königspalast, Empfänger von Sternfrequenzen sowie ein wunderbarer Ort für die Seele, wo sie meditieren kann. Unten robust wie eine Festung, oben leicht und luftig. Außerdem ist der Leuchtturm auch eine großartige Sternwarte, ein unwiderstehlicher Magnet für herumirrende Gedanken.

Ich verbringe Tage damit, ihn zu erkunden, wobei ich immer wieder unerwartete Entdeckungen mache. Der goldene Schnitt der Breitseiten des Parallelepipeds, die Reihe der sieben Fenster an den langen Seiten, die noch intakten, grün gestrichenen originalen Fensterläden, die mit Holz gerahmten Fensterbretter. Der Kontrollschacht des Brunnens, die Blitzableiter, der pavillonartige Dachboden, der Backofen, der Fußboden aus edlem Kalkstein, den die Schritte glatt geschliffen haben. Und dann die Auswahl der Farben. Das Schwarz der Geländer, das Blau der Gänge, das Grün der Fensterläden, das Rot auf den

Fensterbrettern, das Weiß der Laterne. Der Turm, der unten achteckig und oben rund und ganz oben zu einem Prisma mit sechzehn Seiten wird.

Und dann die Glasscheiben in Eisenrahmen mit lackierten Griffen. Das Panorama, das Licht. In jedem Detail spiegelt sich die endlose Suche nach dem Schönen wider, die dazu angetan ist, den Gefangenen der Dunkelheit ein möglichst gutes Leben zu bieten.

Die Vision

An einem stürmischen Tag ist die Kabine mit der Laterne der beste Raum zum Lesen. Man befindet sich auf hoher See, jedoch ohne vom Rollen oder Schlingern eines Schiffes gestört zu werden. Ganz im Gegenteil, das Wüten der Elemente schließt dich in einer Kapsel ein, in der neue und unerhörte Gedanken sprießen. Jetzt zum Beispiel, um sechs Uhr abends des dreizehnten Tages auf hoher See. Die Laterne blinkt in Richtung Nordwesten und ich setze mich gemütlich auf den Metallboden, auf den Sockel der Laterne, mit dem Rücken an der Glaswand, und warte auf den Regen. Auf meinen Knien liegt ein altes Buch über die Insel, das ich im Vestibül auf der Konsole neben einem Segelschiffmodell gefunden habe. Es ist in einer mir unbekannten Schrift geschrieben, es gibt aber auch ein paar Zusammenfassungen auf Englisch und wunderbare Schwarz-Weiß-Illustrationen und außerdem ein paar Karten und Diagramme, denen ich Informationen entnehme.

Aufgehoben in einer Blase aus stillstehender Zeit stelle ich fest, dass es auf dieser winzigen abgelegenen Insel keinen Stein ohne Namen gibt und mehr Ortsnamen als Hausnummern in einem Großstadtviertel. Das bedeutet einerseits, dass dieser Ort mitten im Nichts seit Jahrtausenden bewohnt ist: von Feuersteingräbern, Mönchen, Seeleuten, Leuchtturmwärtern, Kaufleuten, Piraten und anderen. Es bedeutet aber auch, dass es für die Fischer sehr wichtig war und ist, einige Punkte der Insel wiederzuerkennen, um die besten Fischgründe auszumachen. Rund um den Berg des Zyklopen wimmelt es an genau bezeichneten Stellen unter Wasser nur so von Fischen, und um diese Stellen im weiten Meer wiederzufinden, muss man das Festland gut beobachten. Wenn zum Beispiel Fels X auf einer Linie mit der Kirche San Michele und Fels Y gleichzeitig vor dem Leuchtturm liegt, bedeutet das, dass die Triangulation perfekt ist und man die Netze auswerfen kann. So etwas versteht man allerdings nicht, wenn man vom GPS abhängig ist.

Daraus folgt, dass die Satellitennavigation letzten Endes die Ortsnamen und auch die mit ihnen einhergehenden Erinnerungen unwiederbringlich zerstören, ihnen die Seele rauben wird. Das denke ich ganz oben im Leuchtturm, während der Regen an die Fenster trommelt. Langsam trinke ich mein Glas Malvasier aus, das ich die Wendeltreppe heraufgetragen habe; auf dem steinernen Mast meiner dahinsegelnden Insel schmeckt es vorzüglich. Es wird immer dunkler, die Laterne beginnt zu kreisen, und das Buch, das von ihrem blinkenden Licht beleuchtet wird, gibt flüsternd seine Geheimnisse preis. Messung von Meerestiefen, Namen von Fischern, Geschichten von lange zurückliegenden, harten Segelregatten und Ruderwettbewerben, bei denen dem Sieger die Fischereirechte rund um die Insel als Preis winkten, und dann migrierende Sardinenschwärme, Scherben griechischer Vasen, Spuren der venezianischen Herrschaft in manchen Ortsnamen: Polenta, Calamita, Punta, Levanta, Strada, Confin.

Wenn ich lesen will, muss ich die Stirnlampe anmachen. Ich spüre, dass die Insel ein Sensor in dem sie umgebenden Universum ist. Eine Parabolantenne, die umherirrende Gedanken auffängt. Ich muss nicht verstehen, denn ich fühle. Von hier oben sehe ich mit geschlossenen Augen die Offiziere der Schiffe, die mein Licht durchqueren, ich berühre den Radar, der beim Navigieren meine Anwesenheit anzeigt. Ich höre das Kreischen der Möwen, die auf diesen Felsen zufliegen, um auf ihrer Wanderung eine Nacht hier zu verbringen. Ich empfange Radio Malta mit den neuesten Nachrichten über die verzweifelten Bootsflüchtlinge aus Nordafrika. Sich ein Gesamtbild machen: Darin besteht für mich die pelagische Vision der Welt. In Berlin kann ich nicht verstehen und genauso wenig in Rom oder Paris, denn Städte haben eine Festlandkultur. Dort sitzen keine Visionäre, sondern nur Analysten in ihren verdammten Büros.

An diesem Abend, bei Sauwetter, im Inneren des in der Tiefe verankerten Leuchtturmes, habe ich so stark wie noch nie zuvor das Gefühl, dass meine Welt untergeht. Die Unruhen in den Maghrebstaaten, der Balkan, der noch immer keine Lösung für seine Probleme gefunden hat, die systematische Zerstörung Syriens, Israel, die

Offensive der Dschihadisten im Irak, die Türkei, der Kaukasus, Ägypten … Die Einwandererströme in der Ägäis bis zur Straße von Sizilien … Ihr Söhne des nebeligen Nordens, ihr mit euren Hühnern und Schweinen, mit euren Regalen voll Essen und euren Containern, was wisst ihr von einem starken Europa? Wie könnt ihr euch der Illusion hingeben, die Welt mit euren Drohnen zu beherrschen, wie solltet ihr begreifen, dass die Ressourcen des Planeten immer knapper werden, wenn ihr noch nie eine Nacht auf dem Meer verbracht habt, eine karge Nacht wie diese, allein im Unwetter, während aus einem kleinen Radio Nachrichten über das Schicksal der Spezies tröpfeln? Wie könnt ihr verstehen, wenn ihr noch nie das unruhige Meer gespürt habt, das immer mehr ausgeraubt wird und das erschöpft ist, während es früher reich an Schätzen und Waren war, und das jetzt mehr über unsere Zukunft aussagt als eure armseligen Berechnungen des BIP?

Draußen heult der Wind. Ich stelle fest, wie illusorisch und flüchtig der Frieden auch an abgelegenen Orten wie diesem ist. Es gibt keine Inseln der Seligen. Ein Beispiel anstelle aller anderen: Lampedusa, der Zufluchtsort der verzweifelten Flüchtlinge aus Nordafrika. Seit den Punischen Kriegen, aber vielleicht auch schon davor ist die Geschichte der Insel geprägt von Invasionen, Massakern und Deportationen. Römer, Karthager, Araber, Normannen, barbarische Piraten, Sarazenen, Aragonesen, Ottomanen, bourbonische Kolonialherren, Franzosen, Italiener: eine ständige Abfolge von Machtübernahmen. Ganz zu schweigen von den Begehrlichkeiten der Russen und der NATO, denn dieser abgelegene Felsen liegt an einem strategisch wichtigen Ort, von wo aus man westliches und östliches Mittelmeer kontrollieren kann.

Ich trinke noch einen Schluck Wein und denke, dass ich Dinge mache, die ich noch nie zuvor gemacht habe. Ich führe Selbstgespräche, lese laut, singe, während ich zwischen Wermutsträuchern auf- und abgehe oder die Suppe für den Abend koche. Außerdem habe ich das Gefühl, dass das offene Meer langsam die Gedanken austrocknet, Syntax und Erklärungen überflüssig macht, als ob es sinnlos wäre, das Unermessliche zu kommunizieren. Man wird wie Giuseppe Ungaretti im Schützengraben, mit zusammengebissenen Zähnen äußert man immer karger werdende Worte, durchbohrt von einem Sonnenstrahl, an ein Sternbild genagelt, hier mitten im Nichts. Deine Gelenke werden Sterne; Ellbogen, Knie, Hände und Füße bilden geheimnisvolle Sternbilder. Und vor allem spürt man, dass es bald Abend ist. Ich schreibe oft aus Disziplin, weil es mein Beruf ist, oder aufgrund von Autosuggestion. Ich schreibe, weil ich zulasse, dass das Meer die Geschichte diktiert. Ich spüre aber auch, dass – wenn ich keinen Widerstand leistete – eben das Meer mich allmählich zum Schweigen brächte.

Im letzten Hafen, bevor ich zur Insel übergefahren bin, habe ich ein Dutzend alte Männer gesehen, runzelige Seebären, die mit ihrem Glas Wein und dem Rosenkranz in den Händen am Wirtshaustisch saßen. Schweigend und mit zusammengekniffenen Augen betrachteten sie die Reflexe des Wassers. Wer weiß, welche tiefgründigen Gedanken, dachte ich bei mir, wer weiß, welche Geschichten, welche Erinnerungen, welche Ozeane. Heute frage ich mich: Und wenn hinter diesen Blicken das Nichts des Vergessens läge, das schweigende Fließen Lethes, die Kapitulation angesichts der Sinnlosigkeit der Welt? Und wenn die Möwen mit ihrem gelben und gleichgültigen Auge das alles ohne die Hilfe Aristoteles', Voltaires und Galileos verstanden hätten?

Wie die alten, dem Ouzo zugetanen Griechen würde auch ich mich im Winter gerne mit einem Komboloi zwischen den Fingern ans Feuer setzen, in einer kleinen, halbdunklen Küche, bis ich erstarre, bis mein Fleisch austrocknet, gefriertrocknet, ich würde mich gern in eine Mumie verwandeln und dann in eine Ikone, wie die in einer abgelegenen byzantinischen Kirche, die die Augen rollt. Einen nicht wahrnehmbaren Übergang von einem biologischen zu einem mineralischen Zustand vollziehen. Flach werden, Pergament, Amulett werden, in einem Rahmen an die Wand gehängt werden, wie die Mosaike von Sant'Apollinare in Classe in Ravenna. Von der Wand aus würde ich hören, wie meine Enkel und die Enkel meiner Enkel mich anschauen und nicht „das war unser Großvater", sondern „das ist unser Großvater" sagen, weil sie undeutlich spüren, dass in der Reliquie noch etwas Leben vorhanden ist.

In der Ferne, im Regen, sehe ich ein riesiges beleuchtetes Kreuzfahrtschiff vorbeifahren, ein Monster, das fünftausend Personen beherbergt. Ich kenne es, ich habe gesehen, wie es mit seiner unmenschlichen

Masse in die Lagune von Venedig eingedrungen ist. Mir fällt ein, dass ich einmal eines besichtigte und die Konstrukteure mir voll Stolz zeigten, dass es im unteren Stockwerk nicht nur ein Krankenhaus, sondern auch fünfzig Kühlboxen gab, für den Fall eventueller Todesfälle an Bord. Ja, da drinnen steckte der Teufel. Und wo war der Duft des Meeres? Sein Sinn, sein Geheimnis? Nein. Meine kleine Insel, meine winzige Küche, meine armselige Speisekammer, meine alte Wolldecke sind mir tausendmal lieber. Und meine Einsamkeit.

Die Wachablöse

Fünfzehnter Tag, im Leuchtturm herrscht seit mindestens vierundzwanzig Stunden Aufregung. Heute Morgen kommt der neue Kapitän mit Frau und Sohn, die Wachablöse wird seit Tagen vorbereitet. Eine komplizierte Operation, nicht zuletzt, weil ein guter Leuchtturmwärter so gut wie keine Spuren zurücklässt, wenn er räumt. Oft nimmt er alles mit, sogar Zucker und Olivenöl.

Je näher der Termin des Umzugs rückt, desto früher klingeln die Wecker der Leuchtturmwärter und desto sorgfältiger putzen sie. Der Besen tanzt, Kartons und Säcke mit Gewand sind schon seit dem Vorabend fertig gepackt. Ein ganzer Haushalt muss mit der Seilbahn nach unten transportiert und ein anderer heraufgeholt werden. Neue Netze, neue Kartoffeln, neuer Wein. Ganz zu schweigen vom Fisch, er muss in kleinere Gefrierboxen umgefüllt und auf das Schiff geladen werden.

Um acht Uhr morgens steht der Kapitän bereits mit dem Fernglas auf dem Mäuerchen und beobachtet den Horizont, sein ganzes Zeug ist im Vorraum des Leuchtturmes gestapelt. Aber das hier ist nicht wie die Wachablöse eines Soldaten vor dem Schilderhäuschen. Das hier ist komplizierter und zeremonieller. Die Operation muss ordentlich ausgeführt werden, ohne etwas zu vergessen, ohne Irrtümer und unnützes Treppensteigen, denn das Schiff, mit dem die Neuen kommen, bringt auch schnell die weg, deren Dienst vorbei ist. Deshalb sind die Minuten kostbar, das Umladen funktioniert nur bei schönem Wetter, und das ist oft nur eine kurze Pause zwischen zwei Stürmen.

Eine Ankunft vom Meer ist keine x-beliebige Ankunft. „Der, der kommt", ist zuerst einmal nur ein Pünktchen am Horizont, man wartet zwar darauf, aber in dieser endlosen Wüstenei taucht es irgendwann zu einer ungewissen Uhrzeit auf. Sein Auftauchen in diesem endlosen Nichts ist etwas Wundersames, wie Jesus Christus, der über das Wasser des See Genezareths geht, oder Odysseus, der aufrecht am

Steuer seines Schiffes steht, während seine Gefährten durch das weinfarbene Meer segeln. Und wenn man hier auf eine Frau wartet – hier kommen sehr wenige an, außer im Sommer, wenn ein paar Touristenboote anlegen –, dann auf eine Galionsfigur, eine schaumgeborene Aphrodite.

In mezo al mare xe un bastimento
aspeta 'l vento per navigar.

Und eine Ankunft auf einer Insel ist in noch stärkerem Maße etwas Besonderes, denn auch „der, der wartet", ist mitten auf dem Meer, er sitzt auf einer Art Schiff, ganz oben in einem hohen Mastkorb, von dem man weiter sieht als von einem Ozeandampfer aus. Unglaublich, wie leicht man sich die Augen ruinieren kann, wenn man mitten in einer endlosen Wasserwüste etwas sucht.

E viva el mar, e viva el mar
son mari-marinaio e viva l'amor.

Die Sichtung da oben geht mit Herzklopfen einher, wird zu einem Möwenschrei, einem Schrei ähnlich dem Ahabs, der den Wal wittert und der, nachdem er sich auf den Hauptmast der Pequod hat hieven lassen, bei dessen Anblick den berühmten Ruf ausstößt: „Da bläst er!"

Aber endlich ist das Pünktchen zu sehen, es wird von einem weißen Gischtstreifen angekündigt. Plötzlich kommt das Schiff ganz schnell näher, nach zehn Minuten hat es bereits den Wendepunkt zwischen der Insel und ihrem steinernen Trabanten im Osten erreicht. Es verschwindet hinter den Klippen im Osten, dann taucht es wieder auf, wirft unterhalb des Leuchtturmes den Anker aus, gleich darauf fährt das Boot mit dem jüngeren Leuchtturmwärter am Steuer hin. Und das ist nur der Beginn einer hektischen Betriebsamkeit rund um das am Meeresgrund verankerte Stahlkette.

Bei bewegtem Meer einen Lastenaufzug zu füllen ist nicht einfach, die Leuchtturmwärter brüllen kurze Kommandos ins Walkie-Talkie, ihre Gespräche sind gespickt mit Flüchen, Schreien, ohrenbetäubenden Pfiffen, um die Brandung zu übertönen. In zwei Stunden ist alles erledigt. Nachdem die letzte Kiste mit Fisch verladen ist, wirft sich der scheidende Kapitän in Sonntagsstaat, zieht ein weißes Leinenhemd an, raucht die letzte Zigarette und geht federnden Schrittes die Rampe hinunter, in Richtung des Salamanders.

Und schon sehe ich von Weitem den neuen Leuchtturmwärter im Sonnenlicht heraufkeuchen. Er ist sicher älter, seit mindestens dreißig Jahren verrichtet er seinen Dienst auf der Insel. Als er in der letzten Kurve auftaucht, die sich steil über dem Abhang im Süden befindet, denke ich, er könnte genauso gut Türke, Italiener, Grieche, Franzose oder Kroate sein. Statur eines Patriarchen, Blick wie jemand, der viele Stürme erlebt hat und jetzt die Windstille sucht.

Er scheint keiner Nationalität zugehörig zu sein. Er ist einer von jenen Menschen, für die nur ein Eigenschaftswort, eine Definition zuzutreffen scheint: mediterran. Ich stelle ihn mir vor, wie er mit einem Rosenkranz in der Hand und einem Glas Ouzo in einer Bar auf Mykonos auf den Abend wartet oder mit nackten Füßen auf einer Mole auf Formentera sitzt und Netze repariert. Also nennen wir ihn Nicola, Nikolaus, nach dem Schutzpatron der Seefahrer, dem Heiligen, der Stürmen Einhalt gebietet, dem auf den Ikonen dargestellten Exorzisten, der das Unglück bannt. Dem wahren Kapitän der Schiffe, der hochdekorierte Seeleute zu einfachen Platzhaltern degradiert.

Während der restlichen Tage, die ich auf der Insel verbringe, sehe ich ihn kein einziges Mal zum Meer hinuntergehen. Er repariert die Netze oben am Leuchtturm, delegiert das Fischen an Frau und Kind, Maria und Tommy. Diese Paschaattitüde habe ich bei Seeleuten aus dem Mittelmeerraum schon oft beobachtet, seit Jahrhunderten stehen sie seelenruhig am Steuer und erteilen den Frauen Befehle, die am Bug oder unter Deck schuften.

Der alte Ovidio Schiattino, ein Exilant aus Zadar mit Wohnsitz in Triest, besaß ein bauchiges dalmatinisches Schiff vom Typ „Brazzera", eine Art Lastwagen des Meeres, das dazu bestimmt war, schwere Frachten zu transportieren und so genannt wurde, weil es „se sburtava coi brazzi", mit den Armen ruderte. Eines Tages erzählte er mir von einer denkwürdigen Szene: „Am Heck stand der Mann und rauchte ... vorne schufteten die Frauen, sie trugen sieben Röcke, sieben Röcke, wie es auf Susak üblich war, und keine Unterhosen." Und er fügte hinzu:

„Stell dir vor, die verheirateten Frauen trugen einen V-Ausschnitt und die Jungfrauen einen viereckigen." Ähnliche Geschichten habe ich auf den Kykladen und im alten Hafen von Barcelona gehört.

Wie vorhergesehen ist Nicolas blonde Frau innerhalb weniger Stunden die Königin der Insel. Am Ende des ersten Tages hat sie dank des Schönwetters bereits die Netze ausgeworfen, den Garten in Ordnung gebracht, drei Säcke Eselexkremente als Dünger eingesammelt, eine Fischsuppe gekocht, die Schränke eingeräumt. Tommy ist in der Werkstätte im Erdgeschoß zugange, ich höre ihn mit der Säge und dem Lötkolben arbeiten. Nicola überprüft ganz genau das Geflecht seiner schönen Netze.

Mit der Abreise der beiden ersten Leuchtturmwärter ist die Atmosphäre eines Piratenschiffs wie durch Zauberhand verschwunden, jetzt sehe ich durch die offene Tür am Endes des Ganges, dass sich in der Küche eine herzerwärmende Geselligkeit breitmacht. Fröhlich knete ich den Teig meines ungesäuerten Brotes, mache daraus eine Pita mit Kräutern, Knoblauch und Ziegenkäse. Draußen knallt die Tramontana und eine griechische Fähre rauscht vorbei wie ein Barrakuda.

Die Kombüse

Sechzehnter Tag. Ein Sturm weckt mich, Regenschauer aus Südosten und Windstöße über der Insel. Dabei dürfte es gar nicht regnen. Du wirst libysches Klima vorfinden, hatten die Seebären in der Bar in Triest geunkt. Märchen der Art: Du wirst dich auf einer der trockensten Inseln Europas befinden, nimm dir ordentlich Wasservorräte mit. Ich weiß, heute wird das Wasser über die Scheiben der Laterne laufen, auf das Dach prasseln, in den Regenrinnen murmeln, in den Abflussrohren singen, in den Sammelbecken gurgeln und üppig in die unterirdischen Brunnen des Leuchtturmes schießen. Und ich weiß noch etwas: Das Wasser wird für ein ganzes Jahr reichen und gehört zu dem besten, das ich je getrunken habe. Frisch aus dem Wasserhahn mit einem Fingerbreit Wein ist es herrlich durstlöschend.

Mein Leuchtturm ist ein Denkmal für die Weitsicht früherer Zeiten, und jedes Mal, wenn ich über die Schwelle trete, deklamiere ich ein dankbares *Te Deum* für den Ingenieur Richard H., der ihn vor einigen Jährchen errichtet hat. Heute ist ein Tag, wie dafür geschaffen, sich darin einzuschließen und diese wunderbare, dem Sturm trotzende Burg voll und ganz zu genießen. Zeit, um Inventur in der Küche zu machen und sich eine köstliche Kleinigkeit zu kochen. „Eine Kleinigkeit" unter Anführungszeichen: Der Leuchtturmwärter hat mir gestern einen eineinhalb Kilo schweren Drachenkopf geschenkt, ein feuerrotes, noch lebendiges Tier mit einem Auge und den Schuppen einer Echse. Und die Frau des Kapitäns, die zufällig auch da war, hat mir erklärt, wie ich den stacheligen, spitzen Fisch, einen der Leckerbissen, mit denen Gott die Meerestiefen ausgestattet hat, zu einer Fischsuppe verarbeiten kann.

Was für ein Wunder. Draußen wirbeln die Hexen herum, und im Schützengraben deiner Küche beginnt die Messe mit all ihren Ritualen: den Fisch putzen, ihn in große Teile zerlegen, den Kopf der Länge nach aufschneiden, ein Kiemen pro Seite. Dann vier oder fünf wilde Zwiebeln ebenfalls der Länge nach schneiden, ein ganzes Petersiliensträußchen, ein halber Löffel Salz, zwei gestrichene Teelöffel mit zerbröseltem vegetarischem Suppenwürfel, Tomaten, frisch gemahlener Pfeffer, ein schöner Schuss Olivenöl, dann mit Wasser übergießen und eine halbe Stunde lang köcheln lassen. Eine ähnliche Methode wie bei den aus Istrien überlieferten „Brodetti". Wenn der Fisch fertig ist, kocht man in einem anderen Topf eine ordentliche Handvoll Reis. So hat man gleichzeitig eine Vor- und eine Hauptspeise.

Und wenn man dann allein vor diesem mediterranen Meisterwerk sitzt, macht man vielleicht seit Jahren wieder einmal das Kreuzzeichen und isst ganz langsam, Ellbogen auf dem Tisch und ein Glas Malvasier vor sich. Von diesem Augenblick an gibt es zwischen den einzelnen Schlucken und Bissen nur noch das Kratzen des Löffels im Teller und den Schwanz des Drachenkopfs, den man herausholt. In dem vom Sturm belagerten Bunker stellt man fest, dass man zu längst vergessenen Gesten der Bescheidenheit zurückgefunden hat, man toastet etwa das Brot, bevor es hart wird, sodass man bei Bedarf eine Bruschetta zubereiten kann, oder man reinigt sorgfältig die Zitronenschalen, damit sie nicht schimmeln. Auch beim Decken des Tisches entdeckt man aufs Neue Rituale und Ästhetik. Man hebt das Glas, obwohl man allein ist. Man stellt eine Blumenvase in die Mitte der Tafel. Man ordnet die Speisen auf dem Tisch sorgfältig an. Man kaut länger und besser und wird sich bewusst, dass jeder Bissen kostbar ist. Man schätzt wieder die Tatsache, dass Brot im Mittelpunkt der Mahlzeit steht. Und jeder Bissen ist eine Eucharistiefeier.

Ich spüre, dass sich auf der Insel ein gutes neues Gleichgewicht eingestellt hat. Innerhalb weniger Stunden ist auf dem schmalen Korridor zwischen den Zimmern eine Beziehung zu den neuen Leuchtturmwärtern entstanden, die auf einem Austausch von Höflichkeiten beruht. In faktischer, aber nur in faktischer Hinsicht ist es ein Tausch, in Wirklichkeit ist es aber etwas viel Edleres, denn der Tausch beruht auf dem Wunsch, sich kennenzulernen, und nicht so sehr auf der Notwendigkeit, sich etwas zu eigen zu machen. So wandern Fischsuppen und Safranrisottos über den Gang. Käse, Wurst und Oliven werden gegen Hühnergeschnetzeltes eingetauscht. Mitteleuropäischer Wein hält dem

Vergleich mit mediterranem Wein stand. Geröstete Erdnüsse und Schokolade begegnen zuckenden Umberfischen, die aufs Feuer gelegt werden sollen. Jeder erklärt sich, gibt seine Personalien und die eigene Kultur in Form von Geschenken an, die er dem anderen macht.

Seit Maria auf der Insel ist, liegt auch frisches Gemüse auf meinem Tisch. Gleich nach der Ankunft hat Nicolas Frau ein Sonnenfenster genutzt und den terrassenförmig angelegten Garten auf Vordermann gebracht. Was für ein Anblick, sie mit ihrem Mann und ihrem Sohn inmitten dieses Labyrinths aus Steinmauern! Sie wirkt wie der Kreisläufer eines erschöpften Basketballteams: Unkraut jäten, düngen, harken, die Stöcke für die Tomaten einschlagen, verschiedene Samen und Pflänzlinge einsetzen, Pfosten einschlagen und Schnüre für die Netze spannen, die als Schutz gegen die Möwen gedacht sind, die einzigen und unerbittlichen Raubtiere der Insel. Auf meinem Tisch liegen bereits Radieschen, frische Zwiebeln, Mangold, Bohnen, Petersilie. Und das ist nur ein Vorgeschmack auf das, was sie sonst noch in ihrem Wundergarten ausbrütet.

Derweil habe ich begonnen, eigenmächtig in der Heide zu stöbern, und habe einiges gefunden. Ein Zeichen dafür, dass es langsam Frühling wird und die Natur erwacht. Meerfenchel mit seinen fetten, spitzen Blättern ergibt gemeinsam mit Zwiebeln einen perfekten Salat. Die Kapern auf der Südseite der Insel sind schon schön prall, ein kleiner smaragdgrüner Schatz, den ich bereits gesalzen habe. Bärlauch findet man überall, wenn man ihn berührt, wird man fast trunken von dem Duft. Und dann der Spargel. Gestern habe ich neben den Resten eines römischen Brunnens ein wildes Spargelbeet gefunden und gleich einen Vorrat gepflückt, wobei ich mehrere Schlangen aufgeschreckt habe, dann habe ich ihn mit Rührei verkocht und mit Tomaten, roten Zwiebeln, schwarzen Oliven und griechischem Käse als Beilage verzehrt. Um sieben Uhr habe ich zu Abend gegessen und um neun bin ich eingeschlafen, bei Einbruch der Dunkelheit, mit einem Buch von Derek Walcott auf dem Bauch.

Ja, das Leben ist etwas Gutes, an dem man langsam knabbern sollte, im Sonnenlicht und unter den Sternen. Das weiß auch mein alter Freund Antonio Mallardi aus Bari, ein hervorragender Kenner des Meeres, denn als ich allein zu meiner Reise aufgebrochen bin, hat er mich mit folgenden Worten gehänselt: „Wärst du ein Mann und nicht ein Einsiedler, würdest du deine Frau auffordern, am Strand auf dich zu warten, mit einem Tablett frisch geöffneter Seeigel und einer Flasche eiskalten Ouzo in der Hand, und dann würdest du zu ihr sagen: ‚Willkommen an Bord'." Er hätte ein Vermögen dafür gegeben, an meiner Stelle zu sein.

Schiffbrüche

Es ist ungefähr zehn Uhr nachts, Sternenhimmel und Nordwind, als mich ganz plötzlich ein Schlag ans Küchenfenster hochfahren lässt. Ich knete Wasser und Mehl zu einem Teig und mache mir eine Pita, um einen jähen Heißhunger zu stillen. Ich wasche mir die Hände, öffne das Fenster und sehe die schwarze Silhouette zweier Fremder mit Taschenlampe, die im Wind herumfuchteln und mir etwas auf Englisch zu sagen versuchen.

„Entschuldigen Sie, sind Sie von hier?"

Was für eine Frage! Die Annahme, jemand wäre auf einer unbewohnten und abgelegenen Insel „von hier", bringt eine Auffassung von Sesshaftigkeit zum Ausdruck, die mich in den Wahnsinn treibt. Niemand „ist von hier". Im Schatten des Zyklopen kommt man nicht zur Welt und hier stirbt man auch nicht. So will es die Legende.

Ich sage, nein, ich sei Italiener. „Und von wo seid ihr?"

„Wir sind Tschechen. Wir haben das Boot verankert und brauchen Hilfe." „Gut", antworte ich, „ich komme gleich hinunter."

Ich öffne die Tür und lasse sie herein. Sie tragen Mäntel und Gummistiefel. Sie sind wohl vom Schlauchboot aus an Land gegangen wie ein Kommando von Plünderern. Ich erinnere mich, dass ich vor Einbruch der Dunkelheit ein Segelschiff gesehen habe, das auf der Südseite der Insel mühevoll gegen den Wind Zuflucht suchte. Ist das nicht fantastisch? Die ersten Fremden, denen ich hier begegne, stammen aus einem Land ohne Zugang zum Meer und tauchen einfach so mitten in der Nacht auf.

Sie erklären, sie hätten Probleme mit dem Anker und das Boot an einem Felsen notdürftig sichern müssen. Ich glaube zu verstehen, dass sie einen Schraubenschlüssel Nr. 13 und eine Eisensäge brauchen. Sie wissen, es besteht kaum Hoffnung, dass ihr Wunsch erfüllt wird. Zu dieser Uhrzeit könnte man ihn nicht einmal in einer Werkstatt auf der

Autobahn erfüllen. Die Hoffnungsvollen können jedoch nicht wissen, dass sich im Bauch des Leuchtturmes eine perfekt ausgestattete Werkstätte befindet.

Ich gehe hinauf, um den Leuchtturmwärter zu rufen, der vor dem Fernseher döst, er weckt seinen Sohn, der englisch spricht und rasch versteht, worin das Problem besteht. Er geht hinunter und holt die notwendigen Werkzeuge aus einem Regal, in dem Dutzende Schraubenschlüssel liegen. Ich sehe, wie die Gesichter der Fremden zu strahlen beginnen. Ich lade sie ein, in der Küche ein Glas Wein mit mir zu trinken, erzähle ihnen, dass einer meiner Urgroßväter aus Olmütz in Mähren stammte, und denke, dass die beiden ein Riesenglück haben.

Was für ein Glaubensakt, mitten im Meer einen Schraubenschlüssel Nr. 13 zu suchen, in einer Nacht mit spärlichem Mondlicht, auf einer felsigen Insel, auf der eine schwarze Burg steht wie Frankensteins Schloss, sich einen unbekannten Weg hinaufzutasten und zu hoffen, einen ganz bestimmten Schraubenschlüssel zu finden, indem man an das einzige beleuchtete Fenster klopft! Als ob man in der Wüste mitten im Nichts einen Automechaniker suchte.

Ich frage: „Das erste Mal auf der Insel?“

„In drei Jahren haben wir dreimal versucht, hier anzulegen. Davor hat es immer Sturm gegeben.“

Um sie auf die Probe zu stellen, sage ich: „Ihr solltet im Sommer kommen.“

„Wir mögen aber diese Jahreszeit. Da gibt es Wind. Und vor allem ist niemand unterwegs.“

„Dann seid ihr welche von uns. Willkommen. Salute.“

„Gesundheit.“

Ich beobachte sie, während sie meinen Malvasier loben, der von weit her kommt. Ihre fiebrigen Augen bringen die ganze Lust aufs Meer zum Ausdruck, die in einem Land entstehen kann, das keinen Zugang dazu hat. Wenn sie vom Mittelmeer sprechen, glaube ich dieselbe Leidenschaft zu vernehmen, die mich ergreift, wenn ich das Hügelland jenseits der Karpaten vor mir sehe, in Gebieten mit großen Flüssen wie Wolhynien und Podolien. Jeder sucht das, was er nicht hat.

Als sie aufstehen, um zu gehen, beschließe ich, sie zu begleiten, also gehen wir gemeinsam hinunter und erzählen uns weitere Geschichten, die Taschenlampen verlängern und vervielfachen unsere Schatten auf der Böschung. Wir machen Lärm, was die Möwen aufschreckt, bald darauf schwingt sich die ganze Luftflotte auf. In der Zeit, in der sie die Jungen zur Welt bringen, sind sie immer wachsam.

Ich sehe, wie die beiden in der Dunkelheit verschwinden, in Richtung des hundert Meter vor der Küste vertäuten Schiffes, das dank eines Lichts oben am Mast gut sichtbar ist. „Thank you, thank you so much!“, höre ich sie im Tosen der Brandung noch schreien. Dann Schweigen.

Heute ist eine der Nächte, in denen man ein schönes Lagerfeuer am Strand machen könnte. Holz gibt es genug, die Flut spült es tonnenweise an den Strand. Der türkische Halbmond ist bereits untergegangen, und in der stockdunklen Nacht scheinen die Sterne in heißem Öl zu sieden. Ich singe ein altes Lied der deutschen Marine, das ich auf meiner Reise an die Fronten des Ersten Weltkriegs gelernt habe. Titel: *Matrosenlied.*

Heute wollen wir ein Liedlein singen
Trinken wollen wir den kühlen Wein

Von Osten antwortet eine Klage, ein Mittelding zwischen Winseln und dem Schnurren einer Katze. Keine Ahnung, ob das die unsichtbaren Diomedeen sind, die großen unruhigen Albatrosse, die die fernen Gefilde der Sporaden und der Tremiti-Inseln bevölkern. Wahrscheinlicher ist jedoch, dass das Geräusch aus den Meeresgrotten stammt, wo die Brecher die Luft komprimieren, die dann durch die Ritzen entweicht.

Der unstete Richard F. Burton, ein Mann, der den Teufel im Leib hatte und ein unvergleichlicher Forschungsreisender war, ist vor mehr als einem Jahrhundert hier vorbeigekommen, gleichzeitig ist in Triest seine Übersetzung von *Tausendundeine Nacht* erschienen, und auch er hörte die Stimme aus der Tiefe: „About the east end of the island“, schrieb er, „there are caves, hollows and fissures … and when the water expels the compressed air, produces prolonged groans, like the moans of pain, lugubrious accompaniments to the rough water of storm-lashed wintry night.“

Ähnliche klagende Laute habe ich auch an der Küste Asturiens im Golf von Biskaya im Norden Spaniens gehört. Der Atlantik hatte kleine Fjorde in den Kalkstein gegraben, in die die Gezeiten wütend eindrangen, allerdings war die ganze Küste von Löchern durchsetzt ähnlich einem Emmentaler Käse. Und am Morgen, als ich meinen damals vierjährigen Sohn Michele auf die Schultern nahm, um einen Spaziergang auf die Klippen zu machen, hörte ich am Boden ein Rascheln, als würde eine Schlange vor uns fliehen. Wie ein Kolben presste der Ozean im Inneren der Erde die Luftsäulen zusammen:

„Uuuuoooo.“

Als ich zum Leuchtturm zurückkomme, höre ich ein noch tieferes Klagen. Es kommt von der Seilbahn. Das zwischen Erde und Himmel gespannte Stahlseil – eine auf einer Länge von zweihundert Metern gespannte Gitarrensaite – vibriert im Wind. Noch nie zuvor habe ich so einen dunklen Bass gehört. Die Nacht ist voll Stimmen, wie auf Lavezzi, der Insel der Schiffbrüchigen zwischen Korsika und Sardinien.

2011 hielt ich mich in einer Segelschule auf Caprera auf. Eines Nachmittags legte sich der Wind, ich dachte, am Tag darauf würde sich ein Schönwetterfenster auftun und das unruhige Meer in der Straße von Bonifacio würde sich beruhigen. Ich hoffte es zumindest. Ich wollte nämlich zu einer abgelegenen Insel im französischen Marineraum segeln und hatte bereits einen wackeren Seemann gefunden, der mich vom Hafen La Maddalena aus begleiten sollte. Auf der menschenleeren, spitz zulaufenden Insel Lavezzi befanden sich die Gräber zahlreicher Franzosen. Auf meiner Karte war sie mit einer Bleistiftnotiz versehen: *Sémillante,* dem Namen der französischen Fregatte, die 1855 an diesen Felsen zerschellt und fast achthundert Matrosen mit in den Tod gerissen hatte. Eine schreckliche Episode, über die ich vor ungefähr vierzig Jahren in einer wunderbaren Erzählung von Alphonse Daudet gelesen hatte.

Kein einziger konnte sich an diesem Tag retten, die sterblichen Überreste von Matrosen und Soldaten (das Schiff war zu einem Einsatz im Krimkrieg unterwegs) verteilten sich in der ganzen Straße von

Bonifacio, und sogar noch weiter, bis in die Gallura. Sie wurden auf zwei kleinen Friedhöfen begraben, dort, wo das Schiff untergegangen war. Dort wollte ich hin, um die Stimmen der Schiffbrüchigen zu hören. Korsische und sardische Matrosen kannten diesen Ruf gut, hatte mir an diesem Nachmittag eine Frau gesagt, die ich im Haus des Ex-Bürgermeisters von La Maddalena, Mario Birardi, einem Gentleman alter Schule, kennengelernt hatte. Die Begegnung hatte inmitten von Seekarten und wunderbaren Exemplaren der „Illustrated London News" aus der Zeit des „Zugs der Tausend" stattgefunden.

Francesca Sanna – so hieß sie – erzählte mir vom gebrochenen Mast der französischen Fregatte, vom furchterregenden Sturm und dem schrecklichen Aufprall im Nebel. Vom überirdischen Geschrei der Möwen, Atlantiksturmtauchern und Gelbschnabelsturmtauchern. Einem Hochzeitsgesang, dem Gewimmer eines Neugeborenen ähnlich. „Es heißt", sagte sie, „dass am Tag des Schiffbruchs der *Sémillante* die Vögel klagten wie noch nie zuvor, in der Nacht darauf verlor ein Hirt darüber fast den Verstand. Von diesem Tag an kündigte der Schrei der Möwen Schiffbrüche an." Während Francesca die Geschichte erzählte, lag ihre Hand auf einem alten Buch, das auf einer Seite mit einer Radierung aufgeschlagen war. Garibaldi war darauf zu sehen, bei einem Fischzug mit der Nachtleuchte, und einen Augenblick lang schien das Feuer aus Mastixholz auf dem Schiff auch ihr Gesicht zu beleuchten.

Beim Abendessen in der Segelschule von Caprera, nach einem Vorspiel mit toskanischem Wein, Ziegenkäse und „pane pistoccu", unterhielten wir uns weiter. Im Frühling bestanden die Segelschüler fast ausschließlich aus alten Haudegen, an diesem Tag hatte der Wind sie trunken gemacht wie Lachgas, und so begannen sie spontan Seemannsgarn zu spinnen: Schiffbrüche, Überfahrten, unheilbringende Nebel und scheuernder Mistral. Alle hatten eine Geschichte zur gefürchteten Insel Lavezzi parat. Einer hatte dort auf einem Boot geschlafen, das vor Anker lag, er sagte: „In dieser Nacht scherzten wir alle, aber wir hatten Angst." Wir blieben lange auf, beim Gesang der Zikaden.

Am nächsten Tag stand Antonello Piras pünktlich um acht Uhr mit seinem kleinen Lotsenboot bereit, mit Proviant und kühlem Wein in der Kombüse. Er sagte, der Gregale in der Straße von Bonifacio sei noch heftig, und die Überfahrt würde unter Umständen stürmisch sein. Wir fuhren um Guardiania herum, arbeiteten uns durch ein Labyrinth von kleinen Inseln, fuhren dicht an den alten Artillerieposten auf Spargi vorbei, dann lag das offene Meer vor uns und wir nahmen Kurs auf die Kalkfelsen von Bonifacio in nordnordwestlicher Richtung. Die Wellen wurden immer höher, das ganze Wasser zwischen Elba und Civitavecchia schien sich, vom Wind gepeitscht, in diesen Flaschenhals zu pressen. Das Motorboot schnellte in die Höhe und fiel wieder zu Boden, wir mussten uns an allen möglichen Griffen festhalten.

„Es gibt bessere Tage, um nach Lavezzi überzusetzen", sagte der gute Piras lapidar und drehte in den Talsenken zwischen den Wellenbergen hektisch am Steuer. Das Meer, Wellenstärke sieben, übte stärkeren Druck aus als vorgesehen, aber wir kamen trotzdem voran, schließlich tauchte mitten im Sturm die Insel auf. Sie sah aus wie ein Haufen verfallener Grabsteine, wie die riesigen Trümmer des Tempels von Selinunt. Hinter dem roten, einsamen und verwitterten Leuchtturm von Lavezzi zeichnete sich die Insel ab wie ein Walskelett. Auf der Südseite war das Meer ruhig, und inmitten eines aufgeregten Möwenschwarmes warfen wir den Anker aus, in einer Bucht, die nur einen Sprung von den Felsen entfernt war, an denen das Schiff zerschellt war, in einem sehr fischreichen Meer.

An Land hatten die Gebeine des Leviathan alle möglichen Formen angenommen: Schädel und Schienbeinknochen, Rippen, Wirbel. Ein grobkörniger, leuchtender, vom Wind herangewehter Sand hatte sich in diesem Friedhofslabyrinth versteckt und eine Unzahl von Wegen geschaffen. Der Friedhof der Offiziere befand sich nur wenige Meter von der Bucht entfernt. Reihen von verwitterten Grabsteinen mit einer kleinen Mauer rundherum. Nur die Aufschrift auf dem Grab des Kapitäns war noch leserlich. Darauf stand:

GABRIEL
MON CHER FILS
TA MÈRE
TA FEMME ET TES SOEURS …

„Gabriel, mein lieber Sohn, deine Mutter, deine Frau und deine Schwestern möchten an deinem Grab Zeugnis von ihrer Trauer ablegen. Dreißig Jahre lang bist du zur See gefahren und hast uns in Ungewissheit zurückgelassen, doch bei deiner Rückkehr herrschte immer Freude. Wir haben für dich gehofft. Jetzt hingegen ist alles auf diesem unheimlichen Friedhof zu Ende gegangen."

Gelbe Blumen wuchsen auf dem Friedhof, und wieder einmal musste ich feststellen, dass der Schrecken sich oft in Schönheit verwandelt. Ich versuchte die Stimmen zu hören, das Schimmern wie von Knochen erinnerte fatal an menschenfressende Sirenen, aber die Vögel schwiegen hartnäckig. Auf das Grab der *Sémillante* hatte sich vielmehr Stille gesenkt. Piras murrte: „Man muss Lavezzi im Winter besuchen, vielleicht sogar bei Regen. Das Meer bewohnt man im Winter, da gehört alles mir. Im Sommer hingegen gehört es allen."

In diesem Augenblick hörten wir einen Gesang. Zwei, vielleicht drei weibliche Stimmen. Sie kamen von der Oberfläche des Wassers, aus einer von Klippen beschützten Bucht, auf unserer Seite der Insel. Es war ein kleiner Frauenchor, doch niemand war zu sehen. Wir wagten nicht zu atmen, wir warteten auf die Enthüllung des Geheimnisses. Dann tauchten die Sirenen auf, es waren vier junge Männer, die von einem französischen Segelboot aus – dem einzigen Boot weit und breit – ins Wasser gesprungen waren und jetzt im eiskalten Meer schwammen. Wir verstanden nur einzelne Wörter:

Le vent le vent, le vent ...
le vent de la vie ... de l'esprit

Sie schwammen wie in einer Blase aus Raum und Zeit, sie schwammen um uns herum, ohne uns zur Kenntnis zu nehmen, dann verschwanden sie. Und als der Gesang verstummte, war ich mir gewiss, dass das Meer und der Mistral die Insel und ihre Friedhöfe zwar glatt geschliffen hatten und die Unglück ankündigenden Möwen ausgestorben waren, doch die Stimme des Ortes würde auf immer und ewig dort bleiben, eingeschlossen im Namen.

„Lavezziii."

Und beim Abendessen, nach einer stürmischen Heimfahrt, schrie ich diesen Namen aufs Meer hinaus. Alle Inseln ringsherum antworteten mir. Dann senkte sich Grabesstille auf den ganzen Archipel.

Il y avait un phare

Als Erster hatte mir Ende der Achtzigerjahre ein türkischer Kapitän von der Insel erzählt. Ich erinnere mich nur noch an den Namen seines Schiffes, *Kaptan Özege,* ein Schrottkasten mit einigen Jahren auf dem Buckel, der Frachten von Triest nach İskenderun, dem antiken Alexandretta, transportierte. Kreuzfahrten auf Lastschiffen sind tausendmal besser als Reisen auf Luxusschiffen bzw. Luxuslagern, und da ich mir diese Überzeugung nicht hatte nehmen lassen, hatte ich versucht, eine Fahrkarte für dieses verrostete Handelsschiff zu bekommen, auf dem eine scharlachrote Flagge mit Halbmond wehte, und auch tatsächlich eine erhalten. Die türkischen Lastwagenfahrer kenne ich noch aus heroischen Zeiten. Ich hatte ihre Courage auf staubigen, nicht asphaltierten Straßen in Anatolien kennengelernt und war auch schon einmal in einem ihrer monumentalen Lkws mitgefahren, in dem die Amulette klimperten. Mit einem Wort, die beste Gesellschaft für mich.

Es war eine denkwürdige Reise. Mein Auto mit seinem Zeltanhänger, das aufgrund des Seeganges mit schweren Ketten vertäut war, stand zwischen zwei Lkws. Meine Kinder, damals elf und sechs Jahre alt, liefen völlig frei auf dem Schiff herum. Die Matrosen lehrten sie türkische Zahlen und Schimpfwörter, mit dem Schiffskoch kneteten sie Brotteig, unter dem wachsamem Blick des Ersten Offiziers durften sie sogar steuern. Die Mahlzeiten waren ausgezeichnet, die türkische Küche ist eine der besten auf der Welt. Aber der größte Genuss waren die Nächte, da lagen wir auf einer Matte an Deck und betrachteten das gestirnte Firmament, das im langsamen Rhythmus des Ostwinds schaukelte. Vor den Dodekanes-Inseln sahen wir phosphoreszierende Fische über dem warmen Wasser des Mittelmeeres springen.

In einer dieser Nächte erzählte mir der Kapitän von Inseln. Wie alle Türken litt er unter Platzangst, weil sich die Ägäis völlig in der Hand der Griechen befand. Aufgrund dieser Grenze, die bis auf einen Meter Entfernung an Kleinasien heranreichte, hatte er einen nicht zu sättigenden Hunger nach Archipelen. Als wir zwischen Kythira und Kap Tenaro durchfuhren und Kreta nur noch zwei Stunden entfernt war, nahm das Schiff Kurs auf Santorin. Der alte Türke, der kurz vor der Pensionierung stand, rauchte mit unendlicher Melancholie eine Zigarette an Deck und begann Seemannsgarn zu spinnen. Pantelleria, die Île de Sein in der Bretagne, die einsame Insel Linosa, die kleine Adalar-Insel im Süden des asiatischen Teils von Istanbul. Und er sprach auch von einer wilden und unbewohnten Insel mit einem Leuchtturm, der sich auf einer phänomenalen Höhe über dem endlosen Meer befand.

Ungefähr zwanzig Jahre später in Marseille rief mich die Insel aufs Neue. Ich war dort, um mich an Düften zu berauschen, Knoblauch, Minze, Rosmarin, als ich ein Gespräch mit einem jungen Mann namens Lionel begann, einem Kellner in einem Restaurant in der Nähe von Calanques, der zwanzig Jahre auf einem Lastschiff als Koch gearbeitet hatte. Er erzählte mir von tausend Rezepten und kulinarischen Vermischungen, die er sich auf hoher See angeeignet hatte. Dann, keine Ahnung wie, kam die Rede auf eine Insel. Aufgrund des großen Fischreichtums bezeichnete er sie als die „untergegangene Wohnung der Fische", allerdings erinnerte er sich nicht an ihren Namen. Er sagte jedoch, „il y avait un phare", dass es dort hoch über den Klippen einen Leuchtturm gebe, der – wie eine Sireneninsel – alle anzog, die daran vorbeifuhren. Ich nannte ihm den Namen und er lachte: „Oui! Voilà notre île."

Von nun an rief mich die Insel immer öfter, und der Ort wuchs in mir heran als Mythos und Sehnsucht bis zur letzten und entscheidenden Begegnung, und zwar mit einem dalmatinischen, auf die Geschichte des Mittelmeeres spezialisierten Archäologen namens Branko Kirigin. Er hatte die einsame Insel schon mehrmals besucht und in den Neunzigerjahren dort Ausgrabungen geleitet. Als ich ihn in seinem Haus in Split besuchte, um Genaueres zu erfahren, lud er mich sofort zum Abendessen ein und erzählte mir einen Haufen Geschichten. Er war ein Visionär: Er gab eher Bilder als wissenschaftliche Fakten von sich. Offensichtlich war die Insel für ihn mehr ein Ort der Seele als ein Studienobjekt.

An diesem Abend kauten wir griechische Namen und Homerverse gemeinsam mit Garnelen und Stockfisch mit Kartoffeln, bis wir zum *Ultima Thule* gelangten, dem legendären Endpunkt des „Pontos", dem Ort, von dem aus man an klaren Tagen den ganzen Kontinent und auf der anderen Seite den Archipel sehen konnte. Ich erfuhr, dass in diesem riesigen, einsamen Steinkatafalk, den man aus einer Entfernung von mindestens dreißig Meilen sah, vielleicht einer der berühmtesten griechischen Helden begraben lag, der bei seiner Rückkehr aus dem Trojanischen Krieg dort gestorben war. Ein Kind, Sohn eines Leuchtturmwärters, hatte sogar die englischen Archäologen in Erstaunen versetzt, als es ihnen eine griechische Tonscherbe gezeigt hatte. Es hatte sie ganz allein gefunden, als es unterhalb der eingestürzten Mauer einer griechischen Siedlung gegraben hatte. Auf dieser Scherbe stand ein Fragment des Namens des Helden. Ich werde den Namen natürlich nicht nennen, merkwürdigerweise stimmt er mit dem Namen eines kleinen Archipels jenseits des Nordpols überein, der elf Zeitzonen von meiner einsamen Insel entfernt ist.

Den Hinweisen und den überall im Mittelmeer und anderswo anzutreffenden Ortsnamen nach zu schließen war der Grieche weit gereist, wie Pytheas, der Entdecker von Thule. Allein im Gebiet der Adria hat man in Dalmatien, in Pula, an der Mündung des Timavo, in Brindisi und Manfredonia, um nur einige zu nennen, Inschriften mit seinem Namen gefunden. Der Legende nach musste er bei seiner Rückkehr aus Troja feststellen, dass seine Frau eine Venuspriesterin, eine Hure geworden war, weshalb er sofort zu neuen Ländern, zu neuen Abenteuern aufbrach. Es heißt, er sei auf einer Insel gestorben. Seine Gefährten wurden kurz nach seinem Begräbnis in Seevögel verwandelt, um sein Grab zu bewachen. Viele Sturmhöhen, auch meine, beanspruchen die Exklusivrechte an diesem geheimnisvollen Epilog, aber je vertrauter ich mit dieser Insel werde, je mehr ich über ihre „splendid isolation" und die steilen Klippen über dem Meer nachdenke, desto mehr bin ich davon überzeugt, dass er zwei Schritte von meinem Leuchtturm entfernt ruht. Ja, dass er die Seele der Insel ist.

„Wir staunten nicht schlecht", sagte der kroatische Archäologe, „als wir rund um den Höcker gruben, der den Namen der Eidechse trägt, und Fragmente sehr schöner griechischer Tonvasen fanden. Bis dahin war immer nur von steinzeitlichen und römischen Funden die Rede gewesen. Die Tonscherbe mit seinem Namen darauf versetzte uns endgültig in Erstaunen. Vielleicht war das wirklich der Ort. Ich las Plinius und Strabon aufs Neue und stellte fest, dass die Beschreibungen mit der Lage der Insel übereinstimmten. Wir hoben einen Graben aus, und die Schichtung bestätigte die Datierung. Der Boden war wunderbar unerforscht. Aber noch mehr als alle vernünftigen Argumente überzeugte uns die abgelegene Lage der Insel. Ihre mythologische Kraft … die Insel hatte uns eingenommen. Auch darin besteht Archäologie."

An diesem Abend in dem Ort an der Adria flossen viel Wein und viel Tinte – in mein Notizbuch –, während Branko aberwitzige Geschichten erzählte von Prozessionen alter Holzschiffe, die am Tag des heiligen Nikolaus, des internationalen Schutzheiligen der Seefahrer, zu Ehren Gottes, zu Ehren der Götter, verbrannt wurden, und dass die Asche der geweihten Schiffe als Talisman auf die neugebauten gebracht wurde. Von Fischern auf einer von den Griechen kolonisierten Insel, die noch nackt fischen gingen, so groß war der Kampf mit den Elementen auf der Jagd nach Drachenköpfen und Zahnbrassen, die am Grund der Meere nisteten. Von sehr fischreichen Inseln, wo der Kompass verrücktspielte und den Seeleuten zufolge keine Rauschmittel nötig waren, um in der Nacht munter zu bleiben. Er sang ein Loblied auf die fantastische Höhe des Leuchtturmes und die Kraft der Sonne, die auf ihrem Weg von Meer zu Meer ihre ganze Bahn durchlief.

Prophetisch sagte er: „Du wirst dich dort keine Sekunde lang langweilen. Sie ist so groß wie ein Taschentuch, aber ein Monat wird nicht reichen, um sie völlig zu erkunden." Gerührt fügte er hinzu: „Es ist ein mit dem Verstand nicht zu begreifender Ort, jeder Tag ist anders, jeder Wind löst einen Sturm unerwarteter Gefühle aus." Und empfahl: „Nimm Zitronen mit, um die Venusmuscheln zu beträufeln, die dort so groß wie Jakobsmuscheln sind." Er gestand, dass er liebend gern wieder einmal dorthin fahren würde, und ich forderte ihn auf, mitzufahren, sobald ich mich dazu entschieden hatte, doch er sagte nein, er würde nie wieder hinfahren. Ich fragte ihn nach dem Grund, aber er wollte ihn mir nicht nennen, und ich dachte, er wäre von der Insel geflohen, wie Odysseus vor Kalypso, weil er dort vielleicht, an den

Grenzen zur Ewigkeit, der Auflösung ganz nah gekommen war und es vorgezogen hätte, als gewöhnlicher Sterblicher in sein nach Rosmarin duftendes Ithaka zurückzukehren. Auch aufgrund seiner Weigerung bin ich allein aufgebrochen, zum ersten Mal in meinem Leben.

Das Muhen

Mitten in der Nacht reißt die Hand eines Riesen fast die Fensterläden aus den Angeln. Ich springe auf. Hundert Meter unterhalb des Fensterbretts donnern die Brecher dumpf und unregelmäßig an die Klippen, oben in der Finsternis des Neumonds tapst der Lichtpinsel durch die vom Tosen eines scheuernden Schirokkos erfüllte, nach Verbranntem stinkende Luft. Ich packe die Fensterläden und schließe so gut wie möglich das Fenster, aber der Wind dringt nach wie vor durch die Ritzen, unheimlich und hartnäckig. Die Ritzen singen. Wie in der Nacht der Schiffbrüchigen.

Ich versuche die Löcher mit Stofffetzen zu stopfen, doch das klagende Geräusch nimmt kein Ende. Die Stimme kommt jedoch nicht von draußen. Es ist nicht der Wind, es ist nicht der überirdische Gesang der Möwen und nicht einmal das Tosen des Wassers in den Grotten, in die die Brecher eindringen. Es ist, als ob ein großes Tier in den Leuchtturm eingedrungen wäre und im Inneren muhte. Einer dieser nächtlichen Schreie, die dich innerlich aushöhlen, die dir sagen, dass du angesichts des Unendlichen ein Nichts bist. Verlorene Seelen in Tiergestalt irren durch den Turm.

„Muuuuh."

Schon vor vielen Jahren hatte ich gehört, dass es in der Nähe von Leuchttürmen spukte. Ich war am Abend zu den Klippen von Cabo da Roca gefahren, dem großen Vorgebirge im Westen Lissabons, wo Europa hinter einem brüllenden Abgrund zu Ende geht. Es nieselte, vor mir war nur der Atlantik, der Wind wehte heftig vom Meer her und das Lichtschwert gabelte den Nieselregen auf und zeichnete in der Luft schwebende Luftklumpen, wie Stofffetzen im Wind. Es war, als ob einander hier, ausgerechnet an diesem Ort und zu dieser Uhrzeit, alle Seelen des Kontinents nachliefen, um sich ins Nichts zu katapultieren.

Es wird schon einen Grund haben, dass das italienische „anima“, Seele, vom griechischen „anemos“, Wind, stammt. Auch in einem Leuchtturm spielt der Wind mit den Seelen. Hier im Bauch des Mittelmeeres stürzen sich die Geister allerdings nicht ins Leere, sondern klammern sich an die fragile Kerze, die im Dunkel zu verschwinden droht. Sie scheinen Türen und Fenster aus den Angeln reißen zu wollen, um im Turm Zuflucht zu suchen. Ich frage mich, was die Leuchtturmwärter wohl inmitten der Winterstürme empfanden, wenn eine Nacht lang die untergegangenen Schiffe auftauchten und das Meer erzählte, welche Katastrophen sich ereignet hatten.

Keine Ahnung, was das ist. Vielleicht ist es der Gesang der Sirenen, die Stimme, die die Matrosen in den Tod lockt. Ich gehe auf den Gang hinaus, richte die Taschenlampe auf die Wendeltreppe und gehe in das obere Stockwerk hinauf, aber weiter komme ich nicht. Ich habe keine Angst: Ich fürchte mich vielmehr davor, einen Zauber zu zerstören. Ich stelle fest, dass der Leuchtturm im wahrsten Sinne des Wortes weint. Er wird von einer Klage erfüllt, die von irgendwo und nirgends kommt, er ächzt in seinen geheimsten Gelenken, stößt einen langen Baritonton aus, der immer wieder von einem endlosen Knirschen unterbrochen wird, vergleichbar mit dem Quietschen einer Maus oder den Störungen im Radio. Der einsame Turm auf dem Gipfel des Berges ist ein Empfänger von außerirdischen Klängen, eine Antenne, die auf für Menschen unhörbare Frequenzen abgestimmt ist.

Es ist, als ob sich der Monolith auf eine spiritistische Sitzung vorbereitete, empfänglich für von der Zeit aufgezeichnete Stimmen. Vor Jahren hat mir der englische Schriftsteller Tim Robinson von einem Abenteuer in Connemara am Rande Irlands erzählt. Es gab dort einen Leuchtturm, in dem sich ein gewaltsamer Tod ereignet hatte, entweder ein Mord oder ein Selbstmord. Die Untersuchungen hatten das Rätsel nicht lösen können. „Ich fuhr wieder hin, der Ort war menschenleer, deprimierend, verlassen. Der Turm war leer, unheimlich, er glich einem Gefängnis. Während ich in absoluter Stille auf ihn zuging, begann in seinem Inneren ein Telefon zu klingeln. Es hörte einfach nicht auf. Ich versuchte die Tür aufzudrücken, ich war mir sicher, dass der Anruf mir galt, mir eine Botschaft brachte. Aber die Tür gab nicht nach. Ich ging in der Gewissheit weg, dass ich der Lösung des Rätsels ganz nah gewesen war."

In dem Roman *Le Phare* wird die wohl erfundene Geschichte einer nekrophilen Leidenschaft erzählt, die in der Tradition der Kriminalliteratur steht und sich aus dem Geist der nordeuropäischen Seefahrt nährt. Es ist die Geschichte eines einsamen Wärters, der eines Tages am Strand die Leiche einer ertrunkenen jungen Frau findet und sie als Geschenk des Ozeans betrachtet. Er hat Sex mit ihr und zelebriert mit dieser kalten Vereinigung seine Hochzeit mit dem Meer. Um seine Braut immer bei sich zu haben, trennt er ihren Kopf ab und legt ihn auf ein Bullauge des Turms, sodass der Kopf selbst zum Leuchtturm wird.

Offenbar gibt es in der Welt der Leuchttürme drei Typen: Das „Paradies", das bequem auf dem Festland liegt; das „Fegefeuer", das sich an die äußersten Felsklippen klammert, und die „Hölle", die sich auf einer unbewohnten Insel auf hoher See befindet. Es heißt, derjenige, der die extreme Erfahrung der „Hölle" gemacht hat, wird zu einer Art Magier. Die alten Matrosen wissen, dass der Leuchtturmwärter eine ganz besondere Beziehung zum Jenseits hat, er ist ein Wesen, das über die Schwelle des Unsagbaren getreten ist. Und da er Dinge sieht, die die anderen nie sehen werden, ist er oft ein verschlossener Mensch, einer, der sich im Schweigen verschanzt.

„Bu-bum, bu-bum, bum."

Jetzt feuern die Brecher vor den Fenstern Kanonenkugeln ab, und der Leuchtturm erzittert in seinen Grundfesten, er ist ein Resonanzboden, der auf jeden Wind, jeden Sturm, jede Form von Gezeiten, jedes Unwetter reagiert. Ich denke, wenn schon die „Stimmen" in der Lage sind, einen fest in einer hundert Meter hohen Gebirgskette verankerten Leuchtturm zum Erzittern zu bringen, was für Klagelieder hört man dann in den Leuchttürmen, die den Atlantikstürmen ausgesetzt sind? Was empfindet man in Leuchttürmen wie Ar Men, einem schrecklichen Monolithen auf hoher See vor der Île de Sein in der Bretagne, einem steinernen Alptraum, der in jahrelanger Arbeit errichtet wurde, indem man bei Ebbe geduldig Steine, Eisen und Zement aufeinanderschichtete?

Was passiert im Kopf eines Menschen, der vom Brüllen des Ozeans umgeben ist, der Jahr für Jahr von Wasserwänden belagert wird, der in einem Turm eingeschlossen ist, wo der Sturm an acht von zehn Tagen an die Tür klopft und wo man nur an windstillen Tagen hinausgehen kann, auf schmalen Stegen steil über dem Nichts? Vor ein paar Jahren hat mir der französische Skipper Dominique le Brun erzählt, er sei unterhalb des Turmes Ar Men vorbeigesegelt, auf der Seite des Festlandes, was nur wenige wagten: „Es war ein schöner Tag, einer der wenigen heiteren Tage in dieser Gegend. Während wir mit vollen Segeln mit mehr als zehn Knoten dahinfuhren, trat der Wärter auf den Vorplatz und rief uns zu, ob alles in Ordnung sei? Ich hatte gerade noch Zeit zu antworten, dass alles okay war und Salut, und schon waren wir weit weg. Ich denke oft an diesen Moment zurück. Wer weiß, vielleicht war ich das erste menschliche Wesen, das er seit einer Woche gesehen hatte. Diesen Gruß werde ich nie vergessen."

Heute wohnt niemand mehr an solchen Orten, fast alle Leuchttürme sind automatisiert, aber in den heroischen Zeiten der Leuchtturmwärter, was bedeutete da schon ein mehrmonatiges Exil ohne Telefon und Kontakt zum Festland? Während einer derartigen Einzelhaft konnte alles Mögliche passieren. Man erzählt von Wärtern, die einen unstillbaren Hass aufeinander entwickelten oder vor Angst verrückt wurden. Oder von anderen, die sich so besoffen, dass sie vergaßen, die Laterne anzumachen, was zu Schiffbrüchen führte. Fabienne Kanor, eine Schriftstellerin von den Antillen, hat mir von einem Leuchtturm in Cork, Irland, erzählt, wohin sie sich zurückgezogen hatte, um ein Buch zu schreiben. „Eines Nachts hörte ich sein Muhen, er muhte genauso wie die Rinder in meiner Heimat", sagte sie und ahmte das Gebrüll der Tiere auf außerordentlich glaubhafte Weise nach, dabei riss sie die schwarzen Augen unter dem blauvioletten Kopftuch auf. „Ein böser Geist, dessen bin ich mir sicher. Er imitierte eine vertraute Stimme, um mich zu holen, um mein Herz zu fressen. Er weinte wie eine alte Mutter, die dich an den verlorenen Ursprung erinnert. Es war nicht nur ein Geräusch von außen, sondern etwas, was dich innerlich aushöhlte, dir sagte, dass du ein Nichts im Universum bist."

„Verschwinde, verschwinde, verschwinde", schien eine Stimme in der Nähe eines Leuchtturmes in Nordeuropa endlos zu wiederholen.

Gewiss war es das Flüstern einer Höhle in den Klippen, in der die Brandung widerhallte. Der Wächter verlor darüber den Verstand und stürzte sich ins Meer, nur damit er das Gejammer nicht länger hören musste. „Anaön" nennt man in der Bretagne die Toten, die keine Ruhe finden und versuchen, dich an einsame Orte zu holen, oder die im Nebel auf Geisterschiffen vorbeifahren und sich in geheimnisvollen Spelunken jenseits des Meeres treffen. „Anaön": Im Hohlraum des Turmes ausgesprochen erschien mir dieser Name wie die Klage eines Schiffes im Sturm, dessen innerste Gelenke imstande waren zu ächzen.

Als Erster hatte mir der französische Krimiautor Pierre Dubois davon erzählt, an einem regnerischen Abend in Saint-Malo an der Atlantikküste. Ich hatte gesehen, wie er ganz in Schwarz eine Bar betrat, er trug einen Gehrock wie aus dem 19. Jahrhundert, Sporenstiefel und einen Ledergürtel, hatte eine graue Mähne und zwei blutrote Augen, die ihm das Aussehen eines Wales gaben. Wir befreundeten uns und meine Neugier in Bezug auf das Meer war für ihn wie ein Heiratsantrag. Er war ein großartiger Erzähler. „Ah, les anaöns … les esprits des morts …", sagte er gestikulierend und rollte dabei die Augen, als ob es sich um ein Märchen handelte.

Im Reich des Meeres herrschte ihm zufolge immer Aberglaube. Die, die an Land zurückblieben, Frauen, Kinder, Mütter, bekamen keine Nachrichten von denen, die sich auf hoher See befanden, auf Fischkuttern oder Leuchtturminseln. Es gab keinen Funk, der Kontakt war abgebrochen, also schenkte man sogar winzigen Zeichen Bedeutung. Feuchtigkeit im Haus bedeutete vielleicht Schiffbruch … Eine zitternde Kerzenflamme in der Kirche kündigte unter Umständen an, dass eine Seele davonflog, wer weiß wohin. Alles war Magie. Der Sand in der Baie des Trépassés bestand aus dem Staub der Knochen derer, die im Meer ertrunken waren. Zu Weihnachten tauchten die untergegangenen Schiffe inmitten von Blitzen und Donnern auf, erzählte der alte Pierre, ein Zauberer und Rattenfänger, während der Regen ans Fenster trommelte.

„*Les morts vivaient avec les vivants,* sie mischten sich unter sie und versuchten sie ins Jenseits zu schleppen. Sie nahmen an Messen teil, bei denen Fürbitten gesprochen wurden, um sie mit ihren Krallen zu packen und in die Hölle zu zerren … und wenn man sie nicht rechtzeitig entlarvte oder davonlief, war man verloren. Die Toten nahmen an Festen teil, betraten Gasthäuser, flogen wegen eines letzten Schlucks Grog nach England, und dann gab es da auch noch Ancou, den Arbeiter des Todes, der nichts anderes war als der letzte Tote des Jahres, er zog auf einem quietschenden Karren vorbei, der von einem dünnen und einem fetten Pferd gezogen wurde, und wenn du dich umdrehtest, nahm er dich mit. Man sah die Seelen fliegen, in Gestalt von Spinnen, Ratten oder Schmetterlingen. Die alten Bretonen schworen, derartige Dinge gesehen zu haben. Schrecklich? *Non, je ne crois pas, mon ami.* Die Trivialisierung des Todes, wie wir sie heutzutage erleben, ist viel schrecklicher. Seine Entmenschlichung. Der Verlust der Erinnerung. Das Ende des Zaubers des Meeres."

Um drei Uhr bekomme ich plötzlich Lust hinauszugehen. Ich steige ins Erdgeschoß hinunter, gehe an der Vitrine mit den griechischen Tonscherben, an der Werkstatt und dem Brunnen vorbei und mache die Tür auf. Das Licht der Taschenlampe fällt auf etwas, was mich aufschrecken lässt. Auf der Wäscheleine raufen zwei schwarze Pullover wie verrückt im Wind. Die Nacht ist von planetarischem Flüstern erfüllt, dennoch kommt das erschreckendste Geräusch noch immer aus dem Inneren. Es ist das Bariton-Muhen eines Minotaurus, das wie durch eine Orgelpfeife verstärkt wird, ein riesiges Horn, das vom Wind gespielt wird.

Wohnsitz im Wind

Die Nacht ruft Träume herbei, die Träume rufen Gedanken und die Gedanken rufen Inseln herbei: Sifnos, Korčula, Ventotene, Gavdos, Pantelleria. Heute Nacht ist Caprera auf den Flügeln des Windes zu mir zurückgekehrt.

Ich landete dort Ende April in einer windstillen Pause zwischen Mistral und Libeccio. Nachts lag die Segelschule, wo ich einen Bungalow bewohnte, wie im Auge eines Taifuns. Eigentlich war ich dort, um über Garibaldi und seinen letzten Aufenthaltsort am äußersten Rand der Insel zu schreiben, doch Bruno Spanghero, ein Marineoffizier aus meiner Heimat, den ich in Rom kennengelernt hatte, hatte mir ein lohnendes Ziel genannt: „Besuche die Festungen der Savoyer", hatte er gesagt, „du wirst ein Epos entdecken. Niemand kennt diese Orte. Du bist dort allein mit dem Wind und der Brandung." Er sah die Küste der Halbinsel aus einer ganz persönlichen Perspektive und zeigte mir auf der Karte Relikte: alte U-Boot-Stellungen, verlassene Leuchttürme, aufgelassene Thunfischverarbeitungsanlagen. Genau wie ich hatte er eine Leidenschaft für sprechende Ruinen. Über Amalfi zum Beispiel hatte er gesagt: „Vergiss bitte die Zitronen. Such die Geister der ehemaligen Industrieanlagen der Bourbonen im Hinterland, und du verstehst Italien."

Gesättigt vom Meer und trunken vom Wind schliefen die Segelschüler tief und fest auf den Pritschen neben mir, doch ich verbrachte eine schlaflose Nacht, wie oft am Beginn eines Abenteuers. Ich dachte an den Meeresarm zwischen Italien und Frankreich, den alle Flotten der Welt passiert hatten: phönizische, römische und arabische Schiffe. Und dann Nelson und Napoleon am Vorabend der Schlacht von Trafalgar. Die Flugzeugträger der Sechsten Flotte, die Atomstation in Santo Stefano. Jahrhunderte, Jahrtausende der Schiffbrüche. Und der Leuchtturm von Bonifacio, der an der Südspitze Korsikas blinkte. Ich dachte auch an die Karte der verlassenen Orte, die mir Paolo Vittone hinterlassen hatte, ein verstorbener Freund, der ebenfalls eine Leidenschaft für Leuchttürme und Relikte besaß, mit dem Hinweis, dass es im Nordosten Sardiniens eine sagenhafte Bastiani-Festung gab, die ich auf der Karte jedoch nicht gefunden hatte.

In den Buchhandlungen von La Maddalena fand sich kein Buch darüber. In der Gegend befanden sich achtzehn Festungen, mitten in der mediterranen Macchia, mit den Ausmaßen mykenischer Ausgrabungen. Aber wenige wussten, wozu sie gedient hatten. Zu dem Thema gab es nur ein vergriffenes Büchlein, und so bereisten Zehntausende Touristen den Archipel, ohne zu wissen, was hier zwischen 1879 und dem Beginn des Ersten Weltkriegs passiert war. Ich hingegen hatte in Erfahrung gebracht, dass in diesen fünfunddreißig Jahren dreißigtausend Männer an der Errichtung eines der größten Denkmäler der italienischen Militärgeschichte gearbeitet hatten. Kaum zu glauben. Und noch aberwitziger war, dass man die Steinzyklopen als Schutz gegen eine eventuelle französische Invasion errichtet hatte.

Aber es war tatsächlich so. Frankreich war der große Feind gewesen vor 1915, als die Karten neu gemischt wurden. „Ganze Militärkarrieren haben sich innerhalb dieser Mauern erschöpft, in Erwartung eines Angriffs, der nie erfolgte. Das hatte mir Toni Cattarini, ebenfalls ein Offizier aus meiner Heimat, nach einem Ichnusa-Bier in der Liò-Kneipe auf La Maddalena erzählt. Die Bastiani-Festung, die mir Paolo auf der Karte Sardiniens gezeigt hatte, gehörte also so gut wie sicher zu diesem verrückten Verteidigungssystem. Wie in Dino Buzzatis *Tatarenwüste* waren hier junge Offiziere gealtert und hatten umsonst auf die Stunde des Ruhms gewartet. Eine steinerne Fata Morgana, eine sinnlose Maginot-Linie mitten im Meer.

Noch vor dem Morgengrauen ging ich hinaus. Die Nacht war erfüllt vom Zirpen der Grillen und unbewegliche Masten tauchten aus dem Wald neben der Bucht auf. Der Ruf einer Zwergohreule in der Ferne klang wie das Sonar eines U-Boots. Die Myrte verströmte einen sinnlichen Geruch und auf der Veranda des Speisesaals hing noch immer der Duft des Melanzani-Pasticcios, das Amadou, der senegalesische Koch dieser italienischen Île de la Tortue, am Vorabend gekocht hatte. Dann erhob sich langsam der Gregale, das Meer kräuselte sich, wurde silbern und schließlich kupferfarben. Ich hatte mich für die Festung Punta Rossa entschieden, die südlichste auf Caprera und gleichzeitig die, die der Segelschule am nächsten war. Militärgebiet, theoretisch noch immer off limits. Bis vor Kurzem hatten es die italienischen Invasoren als Übungsplatz für ihre Landungen verwendet.

In einer Viertelstunde war ich dort, und wie man mir prophezeit hatte, war ich wirklich allein mit dem Wind und dem Meer. Mühelos überwand ich ein Gittertor mit der Aufschrift BETRETEN VERBOTEN und trat langsam eine Reise in eine andere Welt an. Die Festung war lang und schmal, wie das Vorgebirge im Süden, auf dem sie errichtet worden war. Die Felsklippen waren im wahrsten Sinne des Wortes ein Teil davon. Die militärische Logik der Tarnung hatte eine perfekte Symbiose zwischen dem von Menschenhand Geschaffenen und den gelblichen, von Agaven, senfgelben Flechten, Mohn und seltsamen dornigen Pflanzen bedeckten Felsen hervorgebracht. Ich ging am Rande der Fußwege und die schrägen Sonnenstrahlen des Morgens warfen lange Schatten auf weitere Fußwege. Die Natur war dabei, alles zurückzuerobern, sie löschte die rostigen Spuren von Gleisen, Stacheldrahtzäunen und Lafetten. Sie begrub die Scherben von Flaschen, die man bei ausgelassenen Festen getrunken hatte.

Kasematten, Hangar und Baracken mit der Aufschrift EINSTURZGEFAHR und sperrangelweit offenen Fenstern, durch die man auf ein kobaltblaues Meer und rostfarbene, spitze, von Kormoranen bevölkerte Klippen blickte. Nichts Unheimliches, ganz im Gegenteil. Ich spürte ein wachsendes Bedürfnis mich zu verstecken, mich in diesem von den Touristen gemiedenen Freiraum zu verbarrikadieren. Ich gelobte mit einem Schlafsack zurückzukehren und auf die Sterne zu warten. Das Meer, die Insel, alles gehörte mir. Von einem Steg mit Schmalspurgleis sprang ich ins Meer. Ich sah, wie „Eisvogel"-Patrouillen unter einem undefinierbaren verrosteten Eisengitter über dem durchsichtigen Wasser aberwitzige Volten flogen. Ich stieg wieder auf den Kamm hinauf, auf der Ostseite glich das stürmische Meer einer von diagonalen Streifen überzogenen Metallplatte. Ein paar Hundert Meter weiter südlich fuhr ein um fünfundvierzig Grad geneigtes Schiff mit rotem Segel um die Punta Rossa herum.

Zwischen zwei Kasematten war ein Feigenbaum gewachsen und der Boden war jetzt von wildem Fenchel und fuchsiafarbenen Sukkulenten übersät. Ein total einsamer Ort, als ob der Mensch eine ausgestorbene Rasse wäre. Der Granitkies knirschte wie Zucker unter meinen festen Schuhen, es war derselbe wie der, den mir mein Freund Paolo in einem Marmeladenglas geschenkt hatte. Er hatte ihn vor dreißig Jahren in dreißig Meter Tiefe eingesammelt, in einer versteckten Bucht in Korsika, der stille Meeresboden war ihm wie die perfekte Wiege seines Lebens erschienen.

Der Sockel der letzten, riesigen Kanone klammerte sich leguanartig an die Klippen. Wahrscheinlich gab es in Punta Rossa schreckliche Gezeiten, denn es wurde auf allen Seiten vom Mittelmeer begrenzt. Bis jetzt hatte ich Derartiges nur auf Kap Kamenjak an der Südküste Istriens gesehen; auch dieser Ort hatte sich vor der Zerstörung gerettet, weil man ihn zum militärischen Sperrgebiet erklärt hatte. Es wehte ein heftiger Gregale, und ich bemerkte sofort, dass die Mauern kaputt waren, aber nicht infolge von Kanonenschüssen. Die Brecher hatten an ihnen genagt. Das Meer donnerte unheilvoll, während sich die Granitblöcke zwischen den Mauern vorreckten wie Köpfe, die im Wind brüllten.

Wie viele Geisterhäuser habe ich im Land der Gleichgültigkeit, meinem Land, schon gesehen! Leuchttürme, Bergwerke, Alpenpässe, Festungen, Straßen, Eisenbahnen, Bahnhöfe, Gutshöfe, Atommülllager, Deiche. Freundliche und unheimliche Ruinen. Epen oder düstere Geschichten hatten sich in ihnen zugetragen. In manchen waren mir Angstschauer über den Rücken gelaufen, in anderen hatte ich Freude empfunden. An vielen dieser Orte hätte ich nicht gezögert, allein zu schlafen. Ich liebte es, die moosigen Steine und die glorreichen verrosteten Reste sprechen zu lassen, dem windgepeitschten, von den Elementen korrodierten Gemäuer zuzuhören. Die armseligen Mauerreste und der abgebröckelte Verputz sind stumm, aber mit den Ruinen, guter Gott, ist es etwas anderes: Sie sprechen, sie haben eine leise Stimme, die mitunter von einer einfachen Restaurierung zum Schweigen gebracht wird. Wenn wir über die Schwelle treten, ist unser Schweigen deshalb sinnvoller als an anderen Orten.

In Punta Rossa stellte ich fest, dass ich das Zeitgefühl verloren hatte. Als ich durch das Gittertor trat, schaute ich auf die Uhr. Es waren sechs Stunden vergangen, sie kamen mir allerdings vor wie zwei. Die Sonne stand im Zenit, die Steineichen schüttelten sich wie besessen. Sie bemühten sich, ins Reich der Lebenden zurückzukehren. Das Segelcamp war so weit entfernt wie der Mond.

Die Bora

An diesem Morgen wartete die Morgenröte darauf, dass der Leuchtturm erlosch. Erst als der Strahl seine letzte Runde gedreht hatte, beschloss die Sonne, ein Loch in den Nebel im Osten zu bohren, das dem Auge einer Ziege glich, dann ging sie auf, langsam wie eine Symphonie, von Hunderten Möwen begrüßt. Ich wusste, dass dem nicht so war, dass es eine Fotozelle gibt und der Leuchtturm auf das Morgengrauen wartet, erst dann erlischt er. Aber diesmal war ich vom Gegenteil überzeugt: Der nächtliche Lichtstrahl hatte den Tag herbeigerufen. Mit der eintönigen Litanei der kreisenden Bewegung hatte er für die Rückkehr des Lichtes gesorgt. Das war die Voraussetzung für den Sonnenaufgang gewesen.

Man erzählt die Geschichte eines Hundes, der bei Vollmond die ganze Nacht lang heulte. Die Nachbarn konnten nicht mehr schlafen und gingen eines Tages zu seinem Herrchen, um sich zu beschweren. Dieser beschloss, das Tier im Haus einzusperren. Der Hund hörte auf zu bellen und im Viertel kehrte wieder Frieden ein. Doch von nun an ging auch der Mond nicht mehr auf, das Röhricht wuchs nicht, die Zikaden zirpten nicht und die Frauen bekamen keine Regelblutung. So gingen die beunruhigten Nachbarn wieder zum Herrchen des Hundes. Dieser sagte lächelnd: „Seht ihr? Wenn die Hunde nicht heulen, geht der Mond nicht auf.“ Das Tier wurde sofort befreit, und das Leben am Himmel und auf der Erde nahm wieder seinen gewohnten Gang.

Ich erinnere mich sehr gut, was an diesem Morgen im Leuchtturm passierte. Ich trat auf den umlaufenden Balkon hinaus. Unbeweglich wie eine riesige Nuraghe im Donner der gegen die Klippen krachenden Brecher betrachtete der Turm die Nacht, die endgültig Richtung Sefarad, dem Land des Sonnenuntergangs und der Hesperiden, galoppierte; auf der anderen Seite vergrößerte sich derweil ein hellblauer

Riss, versuchte sich in einer Nebelbank durchzusetzen. Wenn Sie in diesem Augenblick dort gewesen wären, hätten Sie mir Recht gegeben. Wie der Hund für den Mond sorgte auch der Leuchtturm dafür, dass das Licht zurückkehrte. Die Morgenröte war ein Hering, und dieses Bild war mehr wert als Hunderte mathematische Gleichungen. Es war eine magische Vision der Welt – die einzige vielleicht, die imstande war zu zeigen, dass alles von unserem individuellen Handeln beeinflusst wurde.

Und wenn der Mond nicht wiederkäme? Und wenn sich die Morgenröte nicht mehr aus dem Meer erhöbe? Und wenn der Wind aufhörte zu wehen? Solche Gedanken, die einem von derartigen gesunden Zweifeln eingegeben werden, gedeihen nur im Mittelmeerraum, nicht in der Bretagne oder in Patagonien. Dafür ist ein Archipel vonnöten. Im Mittelmeer flüchtet man auf eine Insel, um weit weg von allem zu sein. Und dann stellt man fest, dass das Meer im Zentrum von allem ist, man versteht, dass man keinen Fluchtweg hat, dass Sonnenschein und Regen, Tag und Nacht von einem selbst abhängig sind und einem irgendetwas am Zenit oberhalb des einzigen Auges des Zyklopen befiehlt, die Götter günstig zu stimmen.

Im Sturm funktioniert die Vorstellung eines einzigen, gütigen und von der Vorsehung bestimmten Gottes nicht. An diesem Morgen, nachdem die Morgenröte schöne Locken und rosige Finger mit sich gebracht hatte, traten hintereinander die Herren des Lichts und der Finsternis auf. Poseidon rührte mit seinem Löffel das offene Meer um und schoss Kanonen auf die Klippen ab. Der mit Blitzen bewaffnete Zeus schickte ein Heer von Wolken, das einer unbesiegbaren Armada glich. Äolus-der-nie-schläft zerrte an Fenstern und Türen und füllte den Turm mit Ächzen. Die schwarz gekleidete Persephone, die Göttin der Unterwelt, zeigte sich in den frischen Rissen der Brandungspfeiler und in den eben aufgetauchten teerfarbenen plutonischen Felsen. Nur sie hätte meine Bastion aus den Angeln heben können.

Was für ein Morgen! Gegen sieben Uhr begannen von der Regenrinne der Laterne aus die Köpfe der sechzehn eisernen Löwen die Wolken anzubrüllen, um ihren Durst mit neuem Regen zu stillen. Derweil zeigte Ares, der Herr des Krieges, auf den in Flammen stehenden Nahen Osten; Uranos zeigte einen falschen Frühling, der Ikarus' Flügel schmelzen ließ; Demeter weinte wegen des Hagels und der zerstörten Ernten. Alles wies auf die Anwesenheit mahnender Wesen hin. Das Meer war ein Sturm von Namen, Geschichten und Legenden. Tantalos, Rhadamanthys, Phaeton, Idomeneo, Dardanos, Pegasos, die Dioskuren. Kein Wind, kein Sternbild, keine Windrichtung, unter der sich nicht ein Mythos verbarg.

An diesem Tag registrierte die Wetterstation eine große Unruhe bei den Isobaren. Der Libeccio war abgeklungen und es hob ein dunkler Schirokko-Libeccio an, der die schaumbekränzten Nereiden aufweckte, und als er abflaute, das Meer in einen von einem Kesselflicker bearbeiteten Bronzeteller verwandelte. Und dann der Südwind Ostro, der heiteren Himmel brachte, majestätisch wie eine Flotte in Schlachtaufstellung: Er weckte die Schlangen auf der Insel und trocknete die Wäsche. Gegen drei Uhr nachmittags sorgte ein Schwarm silberner Makrelen am östlichen Himmel für Unruhe, in einem grauen, fast baltischen Licht; die von Helden gerittene und Stuten befruchtende Bora war im Anmarsch. Sie peitschte das Meer von oben, in Gestalt sich windender und unregelmäßiger Böen.

Am Abend hob ein regelmäßiger Wind aus dem Norden an, er ließ weder nach, noch gab es plötzliche Böen. Es war die Tramontana, und die Möwen segelten bewegungslos um die Laterne, so nah, dass ich ihr gelbliches Auge sehen konnte, während sich im Meer parallele blaue Streifen von unterschiedlicher Intensität bildeten. Der Abend ging außergewöhnlich klar zu Ende, nachdem der Windmesser unendlich oft um sich selbst gekreist war und sich in eine Gebetsfahne verwandelt hatte. Und der Leuchtturm, der wie nichts sonst auf der Welt den Wind auffing, war zum Tempel geworden, zur Kirche, zur Moschee, zum Kampanile, zum Minarett.

Jedes Ding kehrte an seinen Platz zurück, wie vor dreitausend Jahren. Es war eine sternklare Nacht, und spät sah ich, wie ein Skorpion mit seinem funkelnden Diadem Orion nachlief und ihn in den Gürtel pikste. Wenn man im Mittelmeerraum die Winde kennt, erreicht man jedes Ziel. Auf dem Weg von einer Insel zur anderen braucht man keinen Kompass. Und wenn man holländische oder englische Bücher liest, in denen von astronomischer Navigation in dieser Gegend die Rede ist, muss man lachen. „Die Engländer", sagt Piero, der Skipper, der Homer auswendig auf Griechisch aufsagt, „haben keine Namen für die Winde, sie wissen nicht, dass sie von den Göttern geschickt werden und dass einen die Götter oft betrügen."

Ich erinnere mich, dass Piero eines Sommers in Zadar im Hafenbüro einen Streit verursachte, weil er so lange auf die Hafenpapiere warten musste und der Mistral aufzog. Bei Mistral würde es schwierig sein, nach Triest hinaufzufahren und im Zick-zack-Kurs zwischen den Inseln zu kreuzen. Mistral, daran bestand kein Zweifel: Das besagte die Farbe des Himmels, der Wellen und der anderen Dinge. Als wir dann an Bord gingen, sahen wir, dass der Wind aus südöstlicher Richtung und nicht aus Nordwesten kam. Wir sahen uns verblüfft an. Die Götter machten sich über uns lustig, nachdem sie gesehen hatten, wie wir in der „Kapetanija" Stunk gemacht hatten.

An der Grenze

„Fünfunddreißig Tote auf einem Schiff mit illegalen Einwanderern … Seit heute Morgen Taucher im Einsatz."

Abgehackte Sätze aus dem Kurzwellenradio. Die Nachricht kommt um neun Uhr abends, ich bin gerade in der Küche und bereite das Abendessen zu. Zornige Worte, Worte des Mitleids. Nationaler Notstand, leere Erklärungen der Polizeipräfektur. Der Ort, an dem die Toten gefunden wurden, so glaube ich zu verstehen, liegt ungefähr achtzig Meilen in südsüdöstlicher Richtung. Aber im Grunde ist das nicht wichtig. Das ganze Mittelmeer ist zur Grenze geworden. Ich betrachte auf der Karte die Linie der Häfen, wo die Einwanderer an Land gehen, sie reicht von Pantelleria bis zum Golf von Squillace, dann verläuft sie entlang der Ionischen Inseln und dem Peloponnes bis nach Kreta und Rhodos. Niemand kann sagen, er befände sich hinter der Grenze. Auch meine Einsiedelei befindet sich an vorderster Front.

Sechs Uhr abends. Alles scheint normal. Im Westen ein griechisches Fährschiff, hell erleuchtet wie eine Diskothek. Dann ein italienisches Passagierschiff. Das Meer ist leicht gekräuselt, mit Wind aus Südosten, eine Melonenscheibe treibt über dem Horizont Richtung Süden. Ich denke: Was ist von dem Meer in der Mitte geblieben? Fast nichts. Allein die Tatsache, dass man von zwei gegenüberliegenden Küsten spricht, bedeutet, dass die Schlacht verloren ist. Warum zwei Küsten? Warum haben wir diese bipolare Vereinfachung akzeptiert? Die Web-Kultur ignoriert komplexe Zusammenhänge. Sie spuckt sie aus. Sie baut einen neuen Eisernen Vorhang, in horizontaler Richtung, zwischen Gibraltar und dem Libanon. Zuerst in den Köpfen, dann auf den Karten.

Das Mittelmeer war immer ein Meer der Schlachten. Aber der Krieg hat immer Seite an Seite mit dem Handel und der Kultur existiert. Venedig hat Galeeren nach Lepanto geschickt, um die Osmanen zu bekämpfen, hat aber nie den Fontego dei Turchi, die Handelsniederlassung der Türken, aufgelassen und stellte nach wie vor Karten für die Sultane her. Die aktuelle Veränderung besteht also nicht so sehr in einer Zunahme von Konflikten, sondern in einem Niedergang des Einander-Kennens, der Erinnerung und vor allem des Austausches. Denn das Kommen und Gehen der versiegelten Container ist kein Austausch, und der Verkehr, der den Seeleuten nicht einmal einen halben Tag Landurlaub gestattet, auch nicht. Genauso wenig das präpotente Gehabe von Riesenkreuzfahrtschiffen, die mit ihren Schrauben den Meeresboden aufwühlen und nicht einmal vor der Lagune von San Marco haltmachen.

Mein Meer ist ein Friedhof von Ertrunkenen. Das war es immer, aber mittlerweile ist etwas Neues und Schreckliches hinzugekommen. Kleine Körper, die in der Nacht verschwinden, ohne zu schreien, die den Händen derer entgleiten, die sie lieben. Doch wir haben uns auch daran gewöhnt. Die Zeitungen fordern uns auf, Mitleid zu haben, doch die Menschen brüten Feindseligkeit und Rassismus aus. Selbst jetzt, angesichts der zuletzt Gekommenen, den Booten voll Syrer und Afghanen, die zwischen der Türkei und Griechenland ertrinken, und den Leichen kleiner Kinder, die unsere Kinder oder Enkelkinder sein könnten, die auf dem Strand liegen oder von einem Polizisten getragen werden. Viele, zu viele Europäer verabscheuen sie, fürchten sich vor ihnen, vielleicht weil sie insgeheim fühlen, dass sie, die Fremden, siegen werden. Weil die Welt immer den Migranten gehört hat, jenen, die sich in Bewegung setzen und andere Länder suchen und voll Furcht das Schwarze Meer durchqueren. Darwin hat die Illusion der kleinen Heimaten, die sich hinter einer Identität verschanzen, am unbarmherzigsten zerstört. Dahinter verbirgt sich nur die widerrechtliche Aneignung von Boden.

Sie werden siegen, die Syrer, die leichtfüßig Europa durchqueren, mit einem Schlafsack und einem Ein-Mann-Zelt, als würden sie mit ihren Kindern im Gefolge einen Ausflug unternehmen. Ich habe sie vorbeiziehen sehen. Ruhig, entschlossen, mit der Kraft derer, die nichts mehr zu verlieren und alle Brücken abgebrochen haben. Nicht Ithaka ist das Ziel ihrer Reise. Ich kenne das alte Syrien. Es war ein Ort der Toleranz. Moslems und Christen gingen gemeinsam spazieren, und die Kirchen dieses islamischen Staates, der von den USA als Kanaille bezeichnet worden ist, waren so voll wie nirgendwo sonst. Und ausgerechnet diese Menschen verlassen ihr Land, die Besten der offenen Gesellschaft, die Kultivierten werden von den Primitiven verjagt aufgrund einer biblischen Abrechnung. Der vitalste Teil der Gesellschaft: wie die Kinder aus Mischehen, die beim letzten jugoslawischen Krieg von jenen vertrieben wurden, die Heimat und Religion nur missbrauchten, um Massaker und Vergewaltigungen zu rechtfertigen. Aber um zu verstehen, was passiert, fehlt uns alles, sogar die Sprache. Flüchtling, Asylant, Einwanderer, diese Worte sind nur Zufallsprodukte, ein Zeichen unserer sprachlichen und geistigen Verwirrung.

Ich suche hektisch einen Sender und bleibe bei Radio Marseille hängen. Man sendet gerade eine alte Geschichte, die das Vorspiel zu der Flüchtlingstragödie sein könnte. Ich höre, wie Jacqueline sie mit ihrer lebendigen Stimme vorliest; sie ist eine der ersten „Pieds-noirs", die 1957 noch als Kind mit ihrer älteren Schwester Catherine aus Tunesien ausgereist ist. Es sind Fragmente eines Interviews, das der junge Wissenschaftler François Beaune geführt hat. Ich habe herausgefunden, dass er seit Jahren im Mittelmeerraum unterwegs ist auf der Suche nach einem Narrativ, das die Menschen von den verschiedenen Küsten eint. Ich nehme Papier und Bleistift und versuche festzuhalten, was ich höre.

„Ich war vierzehn Jahre alt. Meine Familie schickte mich nach Frankreich, nach Marseille. Mein Vater hatte das Auto unterhalb eines Handelsschiffes mit fünfzehnhundert Tonnen geparkt … eine Menge Dockarbeiter waren da, sie luden Weinfässer ein … Ich erinnere mich, dass ich versuchte, an Bord zu gehen, aber der Landesteg war wackelig, der Handlauf gab nach und ich hatte einen riesigen Koffer dabei. Man gab uns den Rat, wieder hinunterzugehen und zu warten, bis die Fracht fertig verladen war … Da sah ich die Pferde, eine Herde von achtzig weißen Pferden, die sich auf der Mole aneinanderdrängten."

„Ich weinte ein wenig, als ich sah, wie die Tiere der Reihe nach von einem Kran in die Höhe gehoben wurden, mit Riemen unter dem Bauch, und auf das Deck meines Schiffes gehievt wurden … Ich ging an Bord, das Schiff lief aus, meine Eltern folgten uns entlang des Goulette-Kanals, zehn Kilometer weit … Wir weinten, schwenkten

Taschentücher, dann verschwand das Festland und wir blieben allein in der von Ängsten bevölkerten Nacht …" „Nachts schwoll das Meer an und das Schiff begann inmitten riesiger Wellen zu schlingern. Die Pferde unter Deck hatten Angst … Ich hörte sie schnauben, wiehern … Die Stallburschen packten je zwei am Halfter und holten sie an Deck, um sie zu beruhigen … Plötzlich neigte sich das Schiff wegen einer Welle so sehr, dass sich ein Weinfass aus der Vertäuung löste, zu Boden fiel und zerbarst, daraufhin verbreitete sich ein Gestank, den ich als Kind unerträglich fand."

Ich lausche wie gelähmt, während der Wind draußen immer stärker wird.

„In diesem Augenblick löste sich der Strick, mit dem eines der Pferde gehalten wurde, es glitt in der Weinlache aus, rutschte über das schiefe Deck und verschwand wie ein Stein im Meer … Mein Herz klopfte wie verrückt, ich suchte das Meer ab, während ich mich an das Geländer klammerte … Ich sah, wie der Kopf des Pferdes im Gischtstreifen hinter dem Schiff auftauchte, mit riesigen Augen und geblähten Nüstern, dann verlor ich ihn aus den Augen und er verschwand in den Wellen … In diesem Augenblick übermannte mich die Traurigkeit und tagelang konnte ich nur noch an dieses Tier denken, das bis zuletzt gekämpft hatte, bevor es unterging."

„Am 26. Januar 1957 um sechs Uhr abends kam in Marseille, an der Mole J4, ein Frachtschiff mit 99 Weinfässern, 79 weißen Pferden und zwei jungen Passagieren, Jacqueline und Catherine Becker, an Bord an."

So geht die Geschichte zu Ende. Dann eine kurzes Schweigen, es folgt ein Schlager.

Am nächsten Tag erzähle ich sie dem Leuchtturmwärter, er lächelt: „Ach", sagt er, „dort hat man sogar Esel auf Schiffe geladen. Die Bauern hatten zu viele und brachten sie auf die Insel, um sie den Leuten an der anderen Küste, den Wurstherstellern, schwarz zu verkaufen … Die beste Mortadella ist die Eselsmortadella … Die Esel lebten frei in der Heide, dann kamen die Schiffe, der Sensal kassierte, und los. Und wie die Esel schrien, als sie das Paradies verlassen mussten!"

Die Karte der Meerestiefen

Ein regnerischer Abend. Als ich in den Regalen der Bibliothek stöbere, auf dem Gang zwischen meiner Wohnung und der des Leuchtturmwärters, finde ich in einem Kartonzylinder eine zusammengerollte Karte. Ich breite sie auf dem Küchentisch aus, fixiere sie an den Seiten, indem ich Bücher auf sie lege, und zünde die Lampe an. Unter der Aufschrift STRUCTURAL-KINEMATIC MAP entfaltet sich mein Teil des Mittelmeeres im Maßstab 1:500.000, eine Symphonie an Farben, die alle Wunder der Schöpfung zusammenzufassen scheint: von Zinnoberrot bis Mausgrau, von Preußischblau bis Tiefblau und italienischem Ocker. In der Mitte ein sorgfältiges Geflecht aus Höhenlinien und Wassertiefenlinien, auch meine Insel ist eingezeichnet, gemeinsam mit den nahen Archipelen.

Die Bildunterschriften bestehen, außer aus bunten Vierecken, aus Worten wie „Cobblestone area", „Middle-late Pliocene chains" oder „Hercynian basement", in meinen Ohren klingen sie nach dem Flüstern einer verliebten Frau.

Der ganze Plan ist von Bruchlinien durchzogen, roten, schwarzen, erbsengrünen und orangefarbenen, und der Zyklop scheint im Zentrum dieses geheimnisvollen Tanzes der Meerestiefen zu liegen. Und während sich aus allen Richtungen (von Italien, der Balkanhalbinsel, vor allem von Nordafrika) ein beängstigender Druck aufbaut, der Erdbeben mit sich bringt, offenbart die andere Hälfte der Welt – die Meerestiefen – ihren verrückten Aufbau: versunkene Gebirgsketten, dreitausend Meter tiefe Schluchten, erloschene Vulkane, Klippen ganz knapp über der Wasseroberfläche.

Nachdem der anfängliche Zauber verflogen ist, versuche ich geduldig die Details zu erforschen. Je länger ich schürfe, desto mehr finde ich: Die Karte offenbart ein Wunder nach dem anderen. Darüber könnte man den Verstand verlieren, und vor allem auch den Schlaf. In einer Tiefe von fünfundzwanzig Ellen entdecke ich eine Bank, von der ich weiß, dass sie sich hervorragend für das Fischen mit der Nachtleuchte eignet, für die Jagd auf Makrelen und Sardinen bei Neumond. Die nähere Umgebung der Insel ist von Untiefen umgeben, die zwar bei Fischerbooten sehr beliebt sind, allzu unbekümmerten Segelbooten jedoch zum Verhängnis werden können, sie riskieren es, Schiffbruch zu erleiden.

Ich suche bis tief in die Nacht hinein. Oben links auf der Karte, dreißig Meilen in nordwestlicher Richtung, mitten im Nichts, entdecke ich eine unheimliche Klippe aus Lavagestein, die bereits in alten Seekarten als hinterhältig beschrieben wird, eine Spitze, bei der Kompasse immer schon verrücktgespielt haben; in der schönen Jahreszeit kann man hier jedoch Kabeljaue an der Wasseroberfläche sehen. Fünfzig Meilen in nordöstlicher Richtung liegt ein Graben, der „große Graben", der den Tiefseefischern wohl bekannt ist. Fabio Fiori, ein Skipper aus Rimini, hat ihn mir als „eine Art Gebärmutter" beschrieben, „die trotz des Raubbaus der modernen Zeit noch immer wunderbare Fischzüge erlaubt".

Allmählich offenbaren sich mir die Gründe der uralten Fruchtbarkeit dieses Meeres. Der Allmächtige hat meine Insel im Zentrum eines sich gewissermaßen unerschöpflich reproduzierenden Beckens platziert. Als Antonio Mallardi, der über das Meer zwischen den Ionischen, Ägäischen und den Dodekanes-Inseln bis hinunter nach Zypern gesegelt ist, von meinem Reiseziel erfuhr, hat er mir empfohlen, die *Historien* von Herodot von Halikarnassos und *Horcynus Orca* von Stefano D'Arrigo mitzunehmen, ein Roman, der dem Meer Siziliens gewidmet ist; sofort darauf ist jedoch sein Jagdinstinkt erwacht und hat jeden intellektuellen Ehrgeiz hinweggefegt, er hat mir erklärt, wie man Oktopusse fängt und vor allem, wie man sie mit einem Biss zwischen die Augen augenblicklich tötet.

„Dann musst du sie weich klopfen", hat er gerührt mit seinem südländischen Akzent gesagt, der Tote zu neuem Leben erwecken kann, „ich rate dir, sie so fest wie möglich auf einen glatten Felsen zu schlagen, mindestens fünfzigmal, dann legst du sie in einen Korb und klopfst sie immer wieder, damit das Fleisch weich wird." Während ich mir seine gut gelaunten Ratschläge anhöre, finde ich nicht den Mut, ihm zu gestehen, dass ich vor Jahren einen Oktopus gefangen und ihn nach einem Blick in die Augen wieder ins Wasser geworfen habe. Er hatte einen intelligenten Blick, fast wie ein Säugetier. Der gute Sandro Chersi, der immer mit dem Hund fischen geht, hatte einmal einen gefangen und ihn in einen Eimer auf dem Schiff geworfen. Irgendwann kroch das Tier heraus, sah den Hund an, der argwöhnisch knurrte, und dann, als es begriff, wie es um es stand, kroch es vorsichtig in den Eimer zurück. Nach dieser Prüfung warf es Chersi zurück ins Meer. Es hatte sich die Freiheit verdient.

Aber das Meer rund um meine Insel eignet sich nicht für sentimentale Tiergeschichten. Der Überfluss steigt einem zu Kopf. „Du wirst Fische finden, die es gar nicht mehr gibt", hatte mir mein Freund Leonidas vor meiner Abfahrt nicht ohne Neid anvertraut, ein Grieche aus Messenien und ein großer, pensionierter Jäger. Als er auf der Terrasse seines Hauses mit Blick auf das Meer zwei „barbunia" grillte, flüsterte er: „Du wirst schon sehen, Pavlos! Streifenbarben, Zahnbrassen, Umberfische, Meeraale, Muränen, Hummer, Drachenköpfe und Oktopusse …" Und dann hatte er eine Litanei von Ortsnamen von sich gegeben: Mondefusta, San Nicola, Diomedes, Salamander. Namen, die ich jetzt auf dem grünblauen Grund der Karte wiederfinde.

Gestern hat mir der Leuchtturmwärter erzählt, dass die Bewohner des Archipels bis in die Dreißigerjahre des 20. Jahrhunderts Regatten veranstalteten, und der Sieger erhielt als Preis die besten Fischgründe rund um die Insel des Zyklopen. Das Siegerboot erwarb das Recht, sich den Fischgrund auszusuchen. Es waren robuste Kähne mit Lateinersegeln, aber beim Wettkampf wurde nur gerudert, im Stehen, wie in einer venezianischen Gondel. Ein Wettkampf für harte Männer, er dauerte oft vom Morgengrauen bis zum Sonnenuntergang, fünfzehn Stunden, um vierzig Meilen, mehr oder weniger sechzig Kilometer, zurückzulegen.

Mit dem Bleistift ziehe ich die Strecke der Überquerung nach, daneben stehen Nicolas Anweisungen. Bis zum 18. Jahrhundert waren die Schiffe bei der Regatta von einem Militärschiff eskortiert worden, einem Segelschiff oder einer Galeere, um sie vor Piraten zu schützen. Als sich im 19. Jahrhundert Sardinenkonserven plötzlich großer Beliebtheit erfreuten, wurden Hunderte Familien durch Sardinenfang reich. Aber die Dampfschiffe und die Konkurrenz durch die Atlantikfischerei bedeuteten das Aus für die Konservenindustrie in der Gegend, und Tausende Inselbewohner mussten nach Amerika emigrieren.

Nach und nach präge ich mir die Richtung der Strömungen ein, das Spiel der Gezeiten, die Richtung der wichtigsten Winde, die Fischgründe, die hinterhältigsten Straßen zwischen den Inseln, die millimetergenaue Migration der Fische. Ich stelle fest, dass es in fünfzig Meilen Entfernung eine Insel mit einer Bucht gibt, wo der Mistral gemeinsam mit den Gezeiten gewaltige Fluten erzeugt und die Fischerboote dreißig, sogar vierzig Meter aufs Festland spült. All das notiere ich sorgfältig auf dem Pergament.

Mit der Fantasie zu navigieren ist tausendmal besser als im Web zu surfen oder meine Irrfahrten mit einer Suchmaschine abzukürzen. In manchen stürmischen Nächten ist es sogar besser, als im Meer zu navigieren.

Der Blitzschlag

Das vom Ozongeruch angekündigte Gewitter feuert die erste Salve in horizontaler Richtung ab, ungefähr fünfzig Meter über dem Meeresspiegel. Aber sofort darauf kehrt die Feuerschlange um, hebt den Kopf wie ein Drache und schlägt in den Dreispitz ganz oben auf der Laterne ein. Es ist ungefähr sechs Uhr abends. Von Sizilien her ist mit beeindruckender Geschwindigkeit eine schwarze, pralle Wand aufgezogen, sie hat mich überrascht, als ich auf dem östlichen Vorgebirge Kapern sammelte.

Ein schreckliches Schauspiel. Zeus höchstpersönlich tritt in Erscheinung auf einer ungestümen Quadriga. Ich renne los, um nicht vom Wolkenbruch überrascht zu werden. Dann halte ich kurz inne. Während ich zum Leuchtturm keuche, stelle ich in der letzten Kurve, wo man beide Meere sehen kann, fest, dass die Möwen nicht mehr fliegen. Sie hocken alle in ihren Nestern, weiße Punkte in der Heide. Das passiert zum ersten Mal.

In diesem Augenblick, in völliger Stille, schlägt der Blitz ein. Er krallt sich in die Spitze des Turms, dann verzweigt er sich an der Außenseite des Metallkäfigs rund um die Laterne, knistert wie ein Feuer aus harzreichem Holz, und schließlich donnert es, während blaue Flämmchen den Blitzableiter entlangzüngeln, längs der Mauer bis hinunter zum Sockel. Die Härchen auf meinen Armen stellen sich auf, und wenn ich noch Haare auf dem Kopf hätte, stünden sie wahrscheinlich zu Berge. Es ist ein Berggewitter, allerdings gibt es hier keinen Unterstand, der Blitz umgibt mich von allen Seiten.

Regungslos stehe ich da, hypnotisiert von dem Schauspiel. Ein paar Blitze fallen ins Meer und bilden einen grünlichen Schein, andere verbeißen sich merkwürdig langsam in einen einsamen Felsen, als suchten sie ein Loch, in dem sie sich verstecken könnten. Einer schlängelt sich lange in die Schlucht südlich der Wetterstation. Die Kalkfelsen und das Dolomitgestein sind voll von Höhlen und Klüften, die elektrostatische Spannung kann sich nicht schnell abbauen. Deshalb sind Gewitter hier so verheerend.

Wie viele Geheimnisse! Einmal war nachts auf diesem steinernen Altar das Diadem aufgetaucht. Dann hatte sich der in einem antiken Namen verborgene Salamander gezeigt. Jetzt herrscht die Schlange. Inmitten all dieser Phänomene wird der Leuchtturm zur Kathedrale, zu einem Ort der Beschwörung und des Nachdenkens; und der hartnäckige Blitz versucht nach wie vor, in ihn einzudringen, als ob er die Lichtquelle zerstören wollte. Seit der Entstehung des Turms hat er es schon ein paarmal probiert, und einige Gegenstände tragen noch die Narben, die sein feuriges Auftreten hinterlassen hat. Risse im lebendigen Fels, versengte Geländer, eine aufgrund der hohen Temperaturen geschmolzene Aluminiumplatte.

„Am 17. April zog sich über der Insel ein schweres Gewitter zusammen …“ In einem Buch über die Geschichte des Leuchtturmes finde ich einen Wetterbericht in deutscher Sprache, der Autor ist vielleicht sogar der Erbauer. Im Licht der Taschenlampe, wegen des Gewitters ist der Strom ausgegangen, werfe ich einen Blick darauf. Am 17. April! Auch heute ist der 17. April! Ich lese gierig, während die kreisende Laterne ganz oben im steinernen Turm ihre Arbeit aufnimmt. „Gegen Mittag entlud sich über der Insel ein heftiges Gewitter, und ein Blitz schlug in den Leuchtturm ein.“ Doch das Beste kommt erst, es wird mit deutscher Gründlichkeit aufgezählt.

„Der Blitz zerstörte die erste Stufe der Wendeltreppe neben dem Eisengländer, durchquerte den Raum im Erdgeschoß neben der Kante der Hauptmauer, verkohlte zwei Kisten mit Werg (ohne sie aber in Brand zu setzen). Die Metallteile eines darin verwahrten Hammers und einer Axt schmolzen jedoch und bildeten eine Art Erbse. Dann bahnte sich der Blitz einen Weg in ein Lager mit Kisten voll Ölkanistern, durchquerte in diagonaler Richtung die Behälter, ohne das Brennmaterial zu entzünden, dann entlud er sich auf dem Felsen des Sockels und hinterließ einen einen halben Meter tiefen und völlig geschwärzten Spalt. Eine Wirkung vergleichbar mit der einer Mine.“

Das Licht ist wieder an. Ich höre, wie in der Küche das Radio angeht, ein Rembetiko jammert. Die raue Stimme eines Griechen, die sofort darauf von Flüstern und Störungen geschluckt wird. Ich stelle fest, dass ich noch nicht zu Abend gegessen habe. Der Kampf zwischen dem Blitz und dem Zyklopen hat mich gefesselt. Ich denke an den Leuchtturm am Kap Horn, den berühmtesten auf der ganzen Welt, ganz hinten in Feuerland. Wie oft habe ich von ihm geträumt! Mittlerweile legen Kreuzfahrtschiffe dort an, und der Wärter posiert vor dem Kiosk, das Flip-Flops und T-Shirts aus China verkauft, für Fotos. Wie sehr lebt im Gegensatz dazu die Legende auf meiner einsamen mediterranen Insel, wo im Sturm niemand landet!

Ich lese weiter im Buch: „Die Küsten im Westen und im Süden werden ständig von den Wellen des Meeres, vom Südwind und vom Ostwind gepeitscht, korrodiert und ausgehöhlt, die hier mit großer Heftigkeit auftreffen." Und weiter unten: „Außerdem wurden hier viele Feuersteinwaffen, Urnen, Gefäße, ein Goldanhänger und eine Kupfermünze aus der Zeit Ferdinands I. von Neapel gefunden."

Es donnert den ganzen Tag, dann am Abend beruhigt sich das Wetter und die Temperatur fällt um zehn Grad. Ich trinke einen Schluck Whisky, steige die Treppe zur Laterne hoch, entlang der Wände folgt mir der übliche Schatten. Oben, hinter den Fenstern, hängt eine zarte Mondsichel, das Feuerschwert bewegt sich frei in der sauberen Luft. Ich bin allein, im Zentrum der Nacht.

I sit within a blaze of light
Held high above the dusky sea.

Laut sage ich den Beginn des *Leuchtturmwächters* von Robert Louis Stevenson auf, dem Autor von *Der seltsame Fall des Dr. Jekyll und Mr. Hyde*. Sein Vater, ein Ingenieur, der auf den Bau von Leuchttürmen spezialisiert war, hatte ihm die Freude am Licht in der Finsternis vererbt.

In der Ferne bricht die Welle und brüllt
entlang eines menschenleeren, meilenlangen vom Mond beleuchteten Strandes.

Die Seeschlacht ist zu Ende. Nur noch ein paar Blitze Richtung Osten.

Onca

Gestern Abend habe ich sie sofort wiedererkannt. Dieselbe weiche, warme Glucke wie immer. Sie setzte sich auf einen Stuhl vor die Tür des Leuchtturmes und stopfte mit ihrem alten Stopfholz eine Socke. „Möge Gott dich begleiten und der Regen dich nicht nässen", sagte sie, kurz bevor sie verschwand.

So hat mich ganz plötzlich die Erinnerung an Onca übermannt. Sie war die letzte Bewohnerin der Lanterna, des ältesten Leuchtturmes in Triest. Mit fünf oder sechs Jahren war ich hinaufgestiegen. Mein Vater hatte mich über eine Wendeltreppe geführt, dann hatte er mir von einem schwindelerregenden Balkon aus die Stadt gezeigt. Ein reges Kommen und Gehen von Fischern; vor dem großen Fischmarkt luden sie gerade Tonnen von Makrelen aus.

Oma Onca, vormals Veronica, konnte nicht schwimmen, doch ihr Leben spielte sich im und am Mittelmeer ab. In einem Leuchtturm hatte sie geheiratet, in einem Leuchtturm hatte sie die Flitterwochen verbracht, in einem Leuchtturm hatte sie in der Zwischenkriegszeit sechs Kinder geboren. Giovanni, Erminia, Maria, Rosetta, Licia und Renato. Sechs Kinder und sechs Leuchttürme: Porer an der Südspitze Istriens; Palagruza vor Korčula; Faresina auf Cres; Fazana und Uljanik in der Nähe von Pula und S. John Pelago bei Rovinj.

Dann war sie in die Lanterna eingezogen, letzte Arbeitsstätte ihres Mannes, des Leuchtturmwärters Kapitän Giovanni Rakić, der italianisiert Racchi hieß und in Kap Kamenjak südlich von Pula als ältester von zehn Geschwistern zur Welt gekommen war. Als Bewohner Istriens hatte er in Karfreit auf der Seite Österreichs gekämpft, und zwar ehrenhaft; das hinderte ihn jedoch nicht daran, später Italien als Leuchtturmwärter treu zu dienen. Eines Tages im April 1960 wurde er ein wenig müde und ging ins Schlafzimmer, um sich hinzulegen. Ein halbes Stündchen, sagte er. Doch er war nicht mehr aufgestanden.

In einem Leuchtturm kommt man zur Welt und man stirbt dort; Onca blieb bis zu ihrem Tod in der Lanterna, umgeben von einer Schar Enkel, die im Schatten des Turms das raue Leben kennenlernten. Wenn sie Radicchio putzte, fragte die kleine Nadia sie: „Oma, wenn du tot bist, wer wird dann Radicchio putzen?“, und sie antwortete lachend: „Ich sterbe nie.“ Den Kindern erzählte sie Märchen von schlauen Füchsen und leichtgläubigen Wölfen, von armen Bauern und vollgefressenen Priestern.

Mittlerweile haben die Segelvereine die Molen gepanzert, die Laterne wurde einem Museum in Ligurien geschenkt und durch einen Diskospot ersetzt. Rund um den Turm hat man Kasernen der Zollbehörde gebaut. Alles ist verschwunden: der Zug, der im Schritttempo über die *Rive* fuhr, die Eisenbahner und die Kofferträger, die Bademeister, der Boogie-Woogie, die Zauberer und die Affen des Vergnügungsparks. Und außerdem die Wasserballspieler, die Glühwürmchen im Gras, der Kiosk, der Würste verkaufte. Der Leuchtturm, in dem ganze Familien wohnten – die Corbattos, die Zaratins, die Maurels, die De Stalis. Die Königin an diesem Hof der Wunder war jedoch sie. Oma Onca wohnte nicht im Leuchtturm. Sie war der Leuchtturm.

Ein Windstoß. Maria kommt mit einem Korb voll Tomaten und Gurken aus dem Garten zurück. Auch sie ist eine Königin. Ihr Mann herrscht über den Leuchtturm, aber sie erledigt alles andere. Sie fischt mit der Hilfe ihres Sohnes, kümmert sich um den Garten, kocht, hält die Wohnung in Ordnung. Heute Abend zeigt Tommy mir alte Fotos von der Insel, als sie noch von Ziegen, Eseln und Kindern bewohnt war. Gut drei Familien arbeiteten im Leuchtturm, er hat seit seinem ersten Lebensjahr jeden Sommer auf der Insel verbracht, frei wie der Wind. Bis zu achtzehn Kinder waren gleichzeitig hier, doch dieser kleine karge Flecken Erde nährte sie alle. Kartoffeln, Fisch, Gemüse, Eier, Fleisch. Nur Mehl musste man vom Festland mitnehmen. Zu Zeiten der vorgriechischen Bevölkerung wurde das Meer von Frauen beherrscht. Dann kamen die Dorer, Krieger vom Festland, und alles ging zu Ende. Aber der weibliche Piratengeist blieb erhalten. Früher kam es immer wieder vor, dass die Frauen das Kommando im Leuchtturm übernahmen, wenn die zuständigen Männer starben. Die Leuchttürme, die auf die Seefahrer aufpassen mussten, wurden einer

Person anvertraut, die sie gut kannte, nicht ängstlichen Novizen. „Ich habe mich immer dafür ausgesprochen", schrieb 1851 der zuständige Minister der USA, „dass beim Tod eines Wärters seine Witwe die Nachfolge antritt, sofern sie eine vertrauenswürdige und ehrbare Person ist."

Es waren harte Jahre, damals gab es noch keinen elektrischen Strom, die Petroleumlampe musste ständig nachgefüllt werden und das kreisende Gerät funktionierte mithilfe einer von Gewichten gezogenen Kette, die man jeden Tag über die Treppe nach oben tragen musste. Doch die Frauen bewährten sich auf außerordentliche Weise, sogar auf sehr abgelegenen und stürmischen Leuchtturminseln. Kate Walker war dreiunddreißig Jahre lang Wärterin in Robbins Reef, einer winzigen Insel vor Manhattan, an der Mündung des Hudson Rivers. Sie folgte ihrem Mann John, der 1890 in ihren Armen an Lungenentzündung gestorben war, sie wog nur fünfundvierzig Kilo, rettete jedoch mehr als fünfzig Menschen, die sich auf dem Meer verirrt hatten.

Im Logbuch des Round Island Lighthouse in der Nähe von New Orleans, das 1998 von einem schweren Unwetter zerstört wurde, ist die Abfolge der Wärter vermerkt. Dienstjahre, Vorname, Nachname, Gehalt, Grund der Beendigung des Dienstverhältnisses. Man liest: „1870–1872, Charles Anderson, 625 Dollar, ertrunken." Darunter: „1872–1882, Mrs. Margaret Anderson, 625 Dollar, gestorben". Und noch weiter darunter: „1882–1882, Mary Anderson, 625 Dollar, gekündigt."

Mann, Frau und Tochter: ein Epos in nur drei Zeilen. Oft hat eine Frau in einem Leuchtturm die Hand im Spiel. Der Faro della Vittoria in Triest wurde nicht zuletzt dank der Frau des Wärters Edmondo Lodi vor deutschen Minen gerettet. Sie hieß Flora Caroppo, und niemand erzählt ihre Geschichte. In der Kressich-Festung, auf der der Leuchtturm stand, war eine Garnison deutscher Soldaten untergebracht, und Flora hatte den Auftrag erhalten, ihnen als Köchin zu dienen. Sie kochte so gut, dass die Wehrmachtssoldaten sie allmählich „Mama" nannten, und am Tag des Rückzugs, am 30. April 1945, teilte ein junger Luftfahrtunteroffizier dem Leuchtturmwärter mit, dass man den Turm am Morgen darauf sprengen würde. In seinem Bauch waren zwei Tausend-Kilo-Minen deponiert worden, und im Keller lagen weitere zehn Tonnen. Die Sprengmeister hatten bereits die elektrischen Leitungen gelegt und die Zünder angebracht.

Am Tag darauf, nachdem der letzte Deutsche die Festung geräumt hatte, kehrten der Wärter und sein Assistent in den Turm zurück, trotz des Risikos, in die Luft zu fliegen, und schnitten die mit den Minen verbundenen Leitungen durch. Als ein paar Stunden später die Partisanen kamen, nahmen der tapfere Lodi und sein Assistent die Zünder ab und überreichten sie ihnen. Die slowenischsprachigen Familien in der Umgebung beeilten sich, den Tito-Truppen zu erklären, dass die Leuchtturmwärter vertrauenswürdige Personen waren, vor allem „Mama" Flora, die zwar für die Deutschen gekocht, aber immer auch die Zivilisten vor Ort mit Essen versorgt hatte. Es war unter anderem ihr Verdienst, dass der größte Leuchtturm in der nördlichen Adria noch an seinem Platz stand. Der Leuchtturmwärter schrieb einen ausführlichen Bericht für die Königlich Italienische Marine, doch er erhielt von der Königlich Italienischen Marine nicht nur keine Medaille, sondern nicht einmal ein „Danke".

Die geheimnisvollen Frauen des Meeres. Als ich vor geraumer Zeit bei Mondlicht in Mali Lošinj am Kvarner-Golf spazieren ging, trat in der Artatore-Bucht plötzlich eine Frau aus dem Wald und blendete mich mit ihrer Stirnlampe. Sie hatte ein Bündel Holz unter dem Arm, trug eine Hose, die im Halbdunkel wie eine Uniformhose aussah, und eine braune Jacke. Sie schüchterte mich so sehr ein, dass ich kein Wort sagte.

Sie hieß Tinza und war ebenfalls eine Königin des Meeres. Sie sei fast neunzig, sagte sie zu mir, und stamme aus einer bedeutenden Reederfamilie, habe jedoch beschlossen, allein in einem Haus auf den Klippen, ohne elektrischen Strom, zu wohnen. Sie war eine von jenen, die in den harten Tito-Jahren nicht aus Istrien geflohen waren. Nur bei großer Kälte verließ sie ihre Insel, und kaum war das Wetter freundlicher, war sie wieder dort zu finden, bei heftigem Wind. In Triest, unter Seeleuten, war sie bereits eine Legende.

Ich konnte gerade noch einen Blick auf ihr Gesicht werfen. Wie von Stürmen gemeißelt, sie trug Ohrringe und vielleicht sogar etwas Lippenstift. Sie verschwand im Dunkel wie ein Marder.

Wermutduft

Am letzten Abend hebt eine sanfte, nach Wermut duftende Tramontana an, ein Regattawind, der den Himmel von oben bis unten reinigt. Er reinigt ihn so sehr, dass der Horizont wie verwandelt wirkt, als ich hinaustrete, um den Sonnenuntergang zu betrachten. Zum ersten Mal versinkt die Sonne nicht im Meer, sondern geht hinter einer Berglinie unter, die mir noch nie aufgefallen ist. Die Sichtweite beträgt mindestens hundert Meilen, und die Fata Morgana ist ganz nah, in Greifweite. Im Westen schwimmt eine Reihe von violetten Buckeln, wie von Walen, in einem flüssigen Himmel, der die Farbe einer eben aufgeschnittenen Melone hat. Den Kontinent sieht man von hier aus nur sehr selten. Heute Abend reicht der Blick bis zu seiner Wirbelsäule. Am Vorabend der Abreise putzt sich ein lieb gewonnener Ort oft so gut wie möglich heraus. Auch die Insel setzt alles daran, meine Seele zu rühren. Sie verströmt die laszive Schönheit und den Duft einer osmanischen Odaliske. Im ersten Viertel des Mondes erkenne ich mit Wehmut die rohe Zwiebelschnitte, die am Ende von Derek Walcotts Meisterwerk *Omeros* erwähnt wird. Die feuchte Heide im Osten wird im letzten Licht smaragdgrün, ein warmes, volles Grün wie das der Vulkane auf Kap Verde. Die endlose Oberfläche des Meeres ist weder rau noch glatt, sondern gekräuselt, und so griechisch weinfarben wie nur möglich. Und inzwischen segelt die Insel ruhig durch die Ebene und hinterlässt achtern, auf der windabgewandten Seite einen durchsichtigen und glatten Streifen, als hätte man Öl ins Wasser gegossen.

Ich stelle einen Teller mit Peperonata, Brot und eine Flasche gekühlten Malvasier und Gläser auf das Mäuerchen oben über dem Abhang und lade Nicola, Maria und Tommy auf einen Abschiedstrunk ein. In der Ferne wandern Schiffe wie Sternbilder, und derweil entzünden sich die kleinen, zitternden Sternennebel der Dörfer auf dem Archipel und dem Festland. Wir brauchen nicht viele Worte. Es reicht das Klirren der Gläser. Als es fast völlig dunkel ist, setze ich mich am Fuße des Mäuerchens hin und verabschiede mich von den Sternkreiszeichen, die meine Zeit auf der Insel unterteilt haben. Die Minuten sind endlos, und das Glück des Augenblicks wird vom Gefühl der Vergänglichkeit nicht beeinträchtigt, sondern sogar noch gesteigert. Der Himmelshorizont kreist gemeinsam mit der Laterne des Leuchtturmes. Ich höre das Zahnrad, das Knirschen.

„Look! It's very busy, there in the sky!", schreit Tommy und reißt mich aus meinen Gedanken, er zeigt auf einen Sternschnuppen-Hagel. Die Sternschnuppen prallen ab, wie der Reis, den man vor der Kirche auf ein frischgebackenes Ehepaar wirft. Heute Abend ist viel los am Himmel. Auch meine Verwandlung ist nahezu vollzogen. Der Wind hat dazu beigetragen, das Hämmern der Brecher, die Einsamkeit, die Abwesenheit von Störfaktoren. Doch vor allem habe ich meine Zeit durch das wunderbare Schweigen des Netzes wiedergewonnen, die ich in diesen Wochen ohne Internet genossen habe. Meine Tage dauerten doppelt so lang. Sie führten mir vor Augen, welch schrecklichen Diebstahl das Web begeht. Da ich nicht im Cyberraum navigieren konnte, haben sich mir die grenzenlosen Horizonte des Navigierens im Meer offenbart, und auch die Horizonte in mir.

Ich bin wieder Herr über die Zeit geworden. Der Liste der erledigten Dinge und der Gedanken nach zu schließen, die unterhalb der kreisenden Laterne gereift sind, bin ich nicht drei Wochen, sondern drei Monate auf der Insel gewesen. Die Beobachtungen in meinem Notizbuch sind allmählich immer aufmerksamer, genauer geworden. Die Gedanken weniger komplex und hermetischer; sie haben aus der Subtraktion Kraft geschöpft, vergleichbar den vom Meer glatt geschliffenen Dingen. Und außerdem habe ich die Gedanken nicht länger gesucht: Sie haben mich gesucht. Ich habe sie hier und dort gepflückt bei meinen Spaziergängen über die Insel, wie den wilden Spargel oder die Kapern, die ich in Salzlake eingelegt habe. Sogar das Schreiben wurde trockener, die Notizen bestanden bald nur noch aus zwei bis drei Zeilen, am Rande des Nichtsagbaren.

In den Augen derer, die von Ozeanen oder großen Gebirgen zurückkommen, sieht man oft eine merkwürdige Leere. „Wie ist es gelaufen?", fragt man. Und sie antworten: „Gut", und aus. Sie verharren in

Schweigen, betrachten mit einem Bier vor sich den Sonnenuntergang. Keine Begeisterung, kein Fieber in der Stimme. Die großen Seeleute kennen diese geheimnisvolle Zurückhaltung sehr gut, das Gefühl, dass die Worte angesichts der Übermacht der Natur nicht ausreichen. „Ich wünsche mir", hat mir eines Tages der Triestiner Skipper Sandro Chersi gesagt, „dass du eines Tages mit einem leeren Notizbuch mit mir den Atlantik überquerst. Als Belohnung möchte ich gar nicht lesen, was du schreibst. Mir würde dein Blick reichen, wenn wir an Gibraltar vorbeifahren und das ganze Land verschwindet." Vielleicht hat auch die Dauer des Tages mit der Verwandlung auf der Insel zu tun. In meinem Turm auf einer Höhe von hundertzwanzig Meter ging die Sonne früher auf und später unter als auf Seehöhe. Ich rechne nach: Das bedeutet jeden Tag sieben Minuten mehr Licht. Vierzig Stunden in einem Jahr. Aber auch die Nächte waren länger, bevölkert mit Träumen und Gespenstern. Der Schlaf war argwöhnisch, zerstückelt, ähnlich dem eines Tieres. Im Bauch der schlaflosen Maschine ordneten sich die tagsüber gesehenen Dinge in den Regalen des Geistes neu an. Man wurde zum Visionär, denn man hatte die Schattenlinie überschritten. Man stand allein vor dem Großen Uhrmacher.

Ich bereite das Abendessen zu. Gesalzene Sardellen, Brot, Zwiebeln, Tomaten. Wein aus dem Karst. Zwei geröstete Mandeln. Kaffee. Ich räume die Kombüse aus. Morgen reise ich ab. Das Boot wird ungefähr um zehn Uhr erwartet. Ich packe, dann lege ich ein paar Dinge auf den Tisch, die ich am Strand gefunden habe. Blech- und Seilstücke, Holz, Glühbirnen, Flaschen. Sie sind von Wind, Sonne und Meer abgeschmirgelt worden und das hat ihr Wesen offenbart, sie in wunderbaren Nippes verwandelt. Nur Plastik wird im Meer hässlicher, die Tatsache, dass Plastik Müll ist, geht nicht verloren, sondern tritt deutlicher hervor.

Ich nehme auch die Schaufel eines zerbrochenen Ruders mit. Sie sieht aus wie die von vielen Händen betatschte Hüfte einer Frau. Die Seeleute sagen, je mehr Teile ein Boot verliert, desto mehr verkriecht sich seine Seele im Inneren. Und wenn die Brandung, der Regen und der Wind letzten Endes fast alles davongetragen haben, klammert sich der Geist an das letzte übriggebliebene Stück.

Ich trinke den letzten Schluck. Es hagelt Sterne.

Buenos Aires

Ich erinnere mich in allen Details an den Augenblick des Abschieds.

Der einäugige Esel versuchte zu brüllen, um sich von mir zu verabschieden, aber es gelang ihm nicht. Er riss das Maul auf und bleckte die Zähne, doch es kam kein Ton heraus. Ich striegelte ihm ein letztes Mal den Rücken, dann ging ich zum Strand hinunter, ohne mich umzudrehen. Sogar die Insel schien ein stummes Brüllen zu sein, sie verabschiedete sich wortlos von mir. Zum letzten Mal pflückte ich ein paar Kapern, Wermut. Der Tag war unvergleichlich schön. Die Tramontana vom Vortag war zu einem Zephyr geworden. Das Meer hatte sich beruhigt. In einer Entfernung von einer halben Meile sah man Thunfische springen.

Das Motorboot lag schon vor Anker, doch der Kapitän bat mich noch um etwas Geduld, er wolle ein paar Schritte auf der Insel machen, den Leuchtturm hinaufsteigen und Nicola begrüßen. Also kam ich auf die Idee, noch ein letztes Mal schwimmen zu gehen. Und ich tat es, obwohl ich kein Badezeug dabei hatte. Mein ganzes Gepäck war schon der Seilbahn anvertraut worden. Der „tocio" – so nennt man bei mir zu Hause den Sprung ins Wasser – ist am schönsten, wenn er nicht geplant ist. Noch besser, wenn man keine Badehose, keine Schlapfen und kein Handtuch dabei hat. Man zieht sich hinter einen Felsen zurück und genießt die köstliche Ungewissheit.

Das sind Augenblicke, in denen Wind, Meer und Festland ein gutes Gleichgewicht erreichen; gesegnete Pausen, in denen man in der Stille hört, wie die Stimme des Körpers – die Haut, die Füße, die Leber, das Herz, der Rücken, die Schultern – dir für den Waffenstillstand dankt, den du ihm gewährst, und man feststellt, dass der Geist – befreit von der gesellschaftlichen Verpflichtung, etwas Intelligentes von sich zu geben – sich wieder das Recht nimmt, nach Belieben umherzuirren oder einer kleinen animalischen Körperpflege beizuwohnen: die letzten

Sandkörner zwischen den Zehen entfernen, sich dehnen wie eine Katze, den alten Buckel an einen sonnenwarmen Felsen lehnen.

Ich schwamm mit langen Armschlägen, dann ließ ich mich auf den spiegelglatten Kieselsteinen trocknen. Die Minuten wollten kein Ende nehmen. Die Zeit dehnte sich auf unglaubliche Weise. Vielleicht schlief ich sogar ein. Mit dem Kopf auf den graublauen Wermutblättern ging ich zum letzten Mal über die Straße des Sich-selbst-Vergessens, des Untergangs der Erinnerung. Als Tommy kam, um mich mit dem Boot zum Motorboot zu rudern, war mir, als hätte ich Stunden hier gelegen.

Ich fuhr ab wie ein Grieche, ohne mich ein einziges Mal umzusehen. „Du darfst dich nicht zu der Küste umdrehen, die du verlässt", sagen die Griechen, „oder du wirst ewig an Sehnsucht leiden, an der Krankheit, die dich zurückruft, sobald du das Segel setzt." Nachdem ich so viele Tage auf einer Höhe von hundertzwanzig Meter über dem Meer verbracht hatte, nahm ich jetzt auf der Höhe des Meeresspiegels ganz deutlich die Erdkrümmung wahr. Der Archipel ging auf. Die Inseln tauchten auf wie Vulkane, alle Kulissen der Landschaft waren in Bewegung.

Als wir an einem anderen Leuchtturm vorbeifuhren, überholte uns ein Kormoran wie eine Drohne, ganz knapp über dem Wasser. Ein Phänomen, er flog wohl mit dreißig Knoten. Dann tauchte hinter einem Vorgebirge die große Insel auf. Sie war lang und waldig, schon von Weitem verströmte sie Pinienduft. Eine andere Welt im Vergleich zu meiner kargen Leuchtturminsel mit den vielen Aromen. Ich hatte gerade mal fünfzig Meilen zurückgelegt, doch bei der Landung kam ich mir vor wie ein Fremder. Ich war ein salzverkrusteter Fremder, meine Haut knisterte unter dem T-Shirt. Ich hatte einen anderen Blick.

Kein einziger Tourist. Nur das Geräusch von ein paar Autos durchbrach die Stille. Ich stellte das Gepäck ab, zog mir die Schuhe aus, suchte barfuß eine Taverne. Ich fand eine Laube oberhalb einer Bankfiliale. An der Tür stand BATA, und ich bemerkte sofort den komplizenhaften Blick des Wirts im Halbdunkel hinten im Raum. Ihm gefiel mein formloses Auftreten. Er hatte helle, dalmatinische Augen, einen Walrossschnurrbart und eine Zigarette im Mund. Er bediente mich in Pantoffeln.

Ich aß zu Mittag, wunderbar allein, die Füße auf dem glatt geschliffenen Stein. Ich trank ein wenig zu viel, streckte den Wein mit kühlem Wasser. Dann schleppte ich mich zum Landesteg der Fähre. Wie immer auf einer Insel waren alle zu früh auf der Mole. Die üblichen schwarz gekleideten Parzen, ein Polizist mit Pistole wie im Wilden Westen, ein Mädchen mit Leoparden-T-Shirt und Bleistiftabsätzen, drei Deutsche und ein Japaner in kurzer Hose, ein alter Seebär mit langem Bart und schleppendem Schritt, eine arrogante Tussi mit Hündchen. Außerdem ein geheimnisvoller, überaus eleganter Herr um die sechzig mit weißer Hose und Panamahut.

Am Tag darauf, als ich zu Hause mein Gepäck im Vorzimmer abstellte und auf meinen Balkon hoch über dem Meer hinaustrat, stellte ich fest, dass auch meine Wohnung ein Leuchtturm war. Warum war mir das noch nie aufgefallen? Dabei hatte ich immer einen Ort gesucht, von dem aus ich den auslaufenden Schiffen zuschauen konnte. Diesen Horst hatte ich erst nach einer komplizierten Navigation erreicht. Zwei Jahre davor war ich den Po hinuntergefahren und an der Mündung hatte ein Leuchtturm gestanden. Aber der war mir nicht gut genug gewesen, denn ich suchte einen auf hoher See in der Nähe der dalmatinischen Küste. Ich wollte unbedingt, dass sich die Linie zum Raum weitete und der Raum zu einem Endpunkt führte.

Und außerdem war da Paolo, der Freund aus Mailand, der vor ein paar Jahren in meine Stadt gezogen war, weil er in einem Leuchtturm sterben wollte. „Ich möchte eine Wohnung, von der aus ich das Meer sehe, wenn ich das Fenster öffne", sagte er zwischen zwei Chemotherapien. Monatelang hatte er unermüdlich die richtige Wohnung gesucht. Dann, zu Beginn des Sommers, hatte er eine mit Terrasse gefunden, von der aus man den Sonnenuntergang sah und einen endlosen Blick auf Istrien hatte. Darüber, nicht einmal hundert Meter entfernt, thronte der Faro della Vittoria mit seinem zweifachen Blinken in der Nacht.

Sobald er umgezogen war – es war mitten im August –, spritzte er sich ein Schmerzmittel, setzte sich auf die Bank, die er extra für diese Terrasse gekauft hatte, und zündete sich zufrieden eine Zigarette an. Nie werde ich den Blick vergessen, mit dem er uns, die Freunde, ansah, die ihm beim Umzug geholfen hatten. Es war ein spöttischer, scheeler Blick, er besagte: „Seht ihr, dass es sich gelohnt hat?" Und tatsächlich kräuselte sich das Meer, aus einer Bar ließen wir uns gekühlten Wein bringen und unser Freund Vinicio spielte Gitarre und sang dazu *Pena de l'alma.*

Paolo starb zwei Wochen später, in einer stürmischen Nacht.

Durch meine Fenster sah ich seinen letzten Leuchtturm. Von da oben sah ich viele Dinge: den österreichisch-ungarischen Leuchtturm, Nullpunkt der Leuchttürme, die sich an der istrischen und dalmatinischen Küste bis hinunter nach Montenegro befinden, ich sah, wie sich das Meer bei Nordostwind mit Nereiden bevölkerte, die ablegenden türkischen Fähren und die Gewitter, die vom Veneto her aufzogen. An klaren Tagen sah ich auch die schneebedeckten Berge hinter dem Meer, die sich an seinem Grund abzeichneten. In so einer anarchischen und einsamen Lage fragte ich mich, warum ich überhaupt noch einmal reisen sollte.

In dieser Nacht stellte ich fest, dass der Faro della Vittoria in mein Schlafzimmer eingedrungen war. Ich zählte, wie lang das Intervall war: zwei Lichtblitze alle zehn Sekunden. Das zweifache Blinken zeichnete sich auf einem weißen Möbelstück neben dem Bett ab, auf das ich die Karte Argentiniens aufgeklebt hatte. Ich las: Buenos Aires. Dort war mein Vater zur Welt gekommen, vor fast einem Jahrhundert. Mein Großvater war mit acht Jahren allein emigriert und hatte den Atlantik überquert. „Kennzeichen: unbegleitet!" stand auf seiner Karteikarte im Einwanderungsbüro des argentinischen Staates. Eine Notiz so gut wie ein Epos. Ich war noch nie in Buenos Aires gewesen. Ich hatte Lust, meine alten Knochen auszuruhen, doch es gab keine Ruhe. Das Licht wies mir schon ein neues Ziel.

Kyklops, der einäugige Esel und König der Insel,
ist im Winter nach meinem Aufenthalt auf der Insel gestorben.

Anhang

S. 82
Los, löse das Tau
Ruder vorwärts, fest, fest;
Ondre, Mike, File, Zane
Im Namen Gottes, ruder, ruder.

S. 100
Inmitten auf dem Meer liegt ein Schiff
und wartet auf den Wind zum Segeln

S. 100
Das Meer lebe hoch, es lebe hoch,
ich bin Ma-Ma-Matrose, die Liebe lebe hoch.

S. 113
Der Wind, der Wind, der Wind …
Der Wind des Lebens und des Geistes …

Inhalt

Der Po, eine unbekannte Welt, ein grandioses Abenteuer. Kulturgeschichte von Italiens größtem Fluss.

Italiens König der Flüsse ist einer der letzten blinden Flecken auf der Landkarte. Paolo Rumiz hat ihn zu Wasser erkundet: mit Kanu, Barke, Segelboot, von den Gebirgen des Piemont bis zur Mündung ins Adriatische Meer.

„Rumiz gelingt es, Menschen und Schicksale aus dem Fluss zu fischen – eine große Erzählung von Italien, wie man es nicht kennt.“
Neue Zürcher Zeitung

„Schönheit und Monstrosität sind hier Geschwister.“
Frankfurter Allgemeine Zeitung

„Gerne wäre man bei dieser Reise dabei gewesen.“
Süddeutsche Zeitung

Aus dem Italienischen von Karin Fleischanderl
Mit Fotografien von Alessandro Scillitani
Gebunden, mit Karten und zahlreichen Farbabb.

Gebunden: ISBN 978-3-85256-742-6
E-Book: ISBN 978-3-99037-079-9

WWW.FOLIOVERLAG.COM

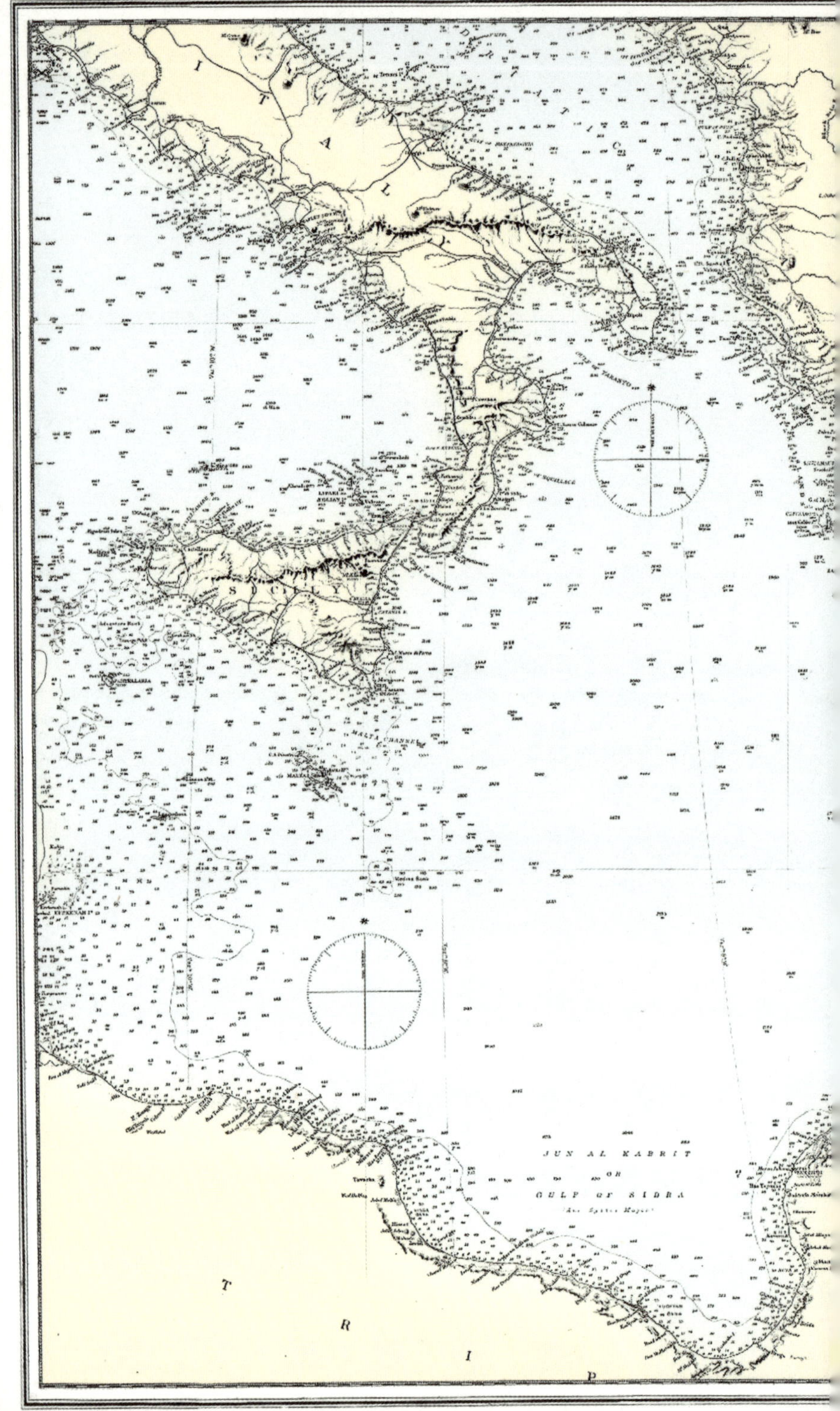

SICILY
MALTA CHANNEL
GULF of TARANTO
JUN AL KABRIT
OR
GULF OF SIDRA